D1558146

Cuando la comida es más que comida

books4pocket

Geneen Roth

Cuando la comida es más que comida

Un camino espiritual para perder peso y recuperar la autoestima

URANO

Argentina - Chile - Colombia - España
Estados Unidos - México - Perú - Uruguay - Venezuela

Título original: *Women Food and God Confident and Successful You*
Editor original: Simon & Schuster, London
Traducción: Alicia Sánchez Millet

1ª edición en **books4pocket** abril 2017

Impreso por Novoprint, S.A. – Energía 53 – Sant Andreu de la Barca (Barcelona)

Fotocomposición: Ediciones Urano, S.A.U.

ISBN: 978-84-16622-11-5
Depósito legal: B-8.190-2017

Código Bic: VS
Código Bisac: SEL031000

Impreso en España – *Printed in Spain*

Para las desesperadas que piensan que no hay remedio.
Y para las participantes de mis retiros, que son
la prueba real de que no es así.
Esto es para vosotras.

Índice

Parte I
Principios

Prólogo

El mundo en nuestros platos

Ochenta mujeres hambrientas sentadas en círculo con sus correspondientes boles de sopa fría de tomate y verduras me fulminan con su mirada. Es el tercer día de retiro y la hora de comer. Durante estas meditaciones diarias sobre el comer, todas las participantes se dirigen al bufé, hacen cola para que les sirvan, se van con su comida a sus sitios en las mesas dispuestas en círculo y esperan a que todo el mundo se haya sentado para empezar a comer. Este proceso es desesperadamente lento —aproximadamente unos quince minutos— sobre todo si tu droga es la comida.

Aunque el retiro va bien y muchas han tenido revelaciones que les han cambiado la vida, en este momento eso carece de importancia. No les importa ni sus asombrosos progresos, ni saber que tienen que adelgazar cuarenta y cinco kilos, ni siquiera si Dios existe. Lo único que quieren es estar a solas con su comida. Quieren que me vaya a otra parte con mis estrambóticas ideas sobre la espiritualidad y la adicción a la comida. Una cosa es ser consciente de la comida en la sala de meditación y otra bien distinta estar sentada en el comedor, controlándose para no dar ni un bocado hasta que todas las demás se hayan servido. También les he pedido que observen silencio, no hay momentos de risa ni de «¿Cómo estás?» para distraer la atención del hambre o de la falta de apetito, puesto que no todas están famélicas.

El retiro se basa en la filosofía que he venido desarrollando en los últimos treinta años de que nuestra relación con la comida es un microcosmos exacto de nuestra relación con la propia vida. Creo que somos expresiones andantes y parlantes de nuestras convicciones más profundas; todo lo que creemos sobre el amor, el miedo, la transformación y Dios se revela en cómo, cuándo y qué comemos. Al inhalar el aroma de las tartaletas Reese de mantequilla de cacahuete y chocolate cuando no tenemos hambre, estamos desatando todo un mundo de esperanza o desesperación, de fe o de duda, de amor o de miedo. Si estamos realmente interesadas en descubrir en qué creemos realmente —no lo que pensamos, ni lo que decimos, sino aquello que nuestra alma cree que es la verdad última sobre la vida y el más allá—, basta con que prestemos atención a la comida que nos ponemos en nuestro plato. Dios no está sólo en los detalles, sino también en las magdalenas, en la batata frita y en la sopa de tomate y verduras. Dios —o comoquiera que lo definamos— está en nuestros platos.

Ésta es la razón por la que ochenta mujeres y yo estamos sentadas en círculo con una sopa fría de verduras. Echo un vistazo a la sala. En las paredes cuelgan fotos de flores —primeros planos de una dalia roja, bordes dorados de una rosa blanca—. El ramo de gladiolos amarillos de la mesita de centro está presentado de una forma tan extravagante que se diría que está dando brincos en un concierto luciendo sus mejores galas. Luego empiezo a observar los rostros de mis alumnas. Marjorie, una psicóloga de unos cincuenta años, está jugando con su cuchara y evita mi mirada. Patricia, una gimnasta de veinte años viste mallas negras y una camiseta sin mangas color limón. Su cuerpecito está sentado como si fuera un pájaro de papel sobre su base; con delicadeza y totalmente erecto. En su plato hay un puñado de coles de Bruselas y un poquito de ensalada, eso es todo. Miro a mi derecha y veo a Anna, una cirujana de Ciudad de México, que se está mordiendo uno de sus labios y da golpecitos impacientemente en el plato con su tenedor. Tiene tres rodajas de pan con unos buenos trozos de mantequilla, un poco de ensalada, sin sopa, ni verduras. Su comida está diciendo: «Qué te jodan, Geneen, no tengo por qué jugar a este maldito juego. Verás cómo me resarzo en cuanto tenga la menor oportunidad». Le hago un gesto solidario con la cabeza para indicarle: «Sí, sé lo duro que es ir despacio». Miro rápidamente al resto de la sala, a las participantes y a sus platos. Se percibe una atmósfera de resistencia a esta meditación sobre la comida, y como soy yo la que marca las normas, también soy la receptora de toda su furia. Interponerse entre las personas y su comida es como ponerse delante de un tren en marcha; el acto de frenar una acción compulsiva no suele ser muy bien acogido.

—¿Alguien quiere decir algo antes de empezar? —pregunto.

Silencio total.

—Entonces bendigamos nuestra comida y todo lo que la ha hecho posible. La lluvia, el sol, las personas que la han cultivado, transportado y servido aquí —les digo.

Puedo oír la respiración profunda de Amanda, que está sentada a mi derecha, al escuchar la oración. Al otro lado de la sala, Zoe mueve la cabeza como si estuviera diciendo: «Vale. La tierra, el sol, la lluvia. Encantada de que estén todos en su sitio». Pero no todas se sienten tan agradecidas como para emplear un segundo más para otra cosa que no sea comer. Louisa, con su chándal rojo chillón, suspira y masculla refunfuñando un casi incomprensible: «¡Por el amor de Dios! ¿Podemos acabar de una vez con esto, por favor?» Parece como si fuera a matarme. Humanamente, por supuesto, y con el mínimo sufrimiento, pero aun así.

—Ahora dedicad unos momentos a observar lo que os habéis puesto en el plato —les digo. —Observad si teníais hambre cuando elegisteis la comida. Si no teníais hambre física, ¿teníais algún otro tipo de hambre?

»Al mirar vuestro plato elegid qué es lo que queréis comer primero y probad unos bocados. Sentid el sabor de los alimentos en vuestra boca. Si saben como os imaginabais que sabrían. Si tienen el efecto que esperabais.

Pasan tres o cuatro minutos en medio de la sinfonía de sonidos propios del comer: crujidos, masticaciones, degluciones. Me doy cuenta de que Izzy, una esbelta francesa de 1,88 metros de estatura, está mirando por la ventana y parece haberse olvidado de lo que está comiendo. Pero la mayoría tiene sus platos cerca de la boca para comer más deprisa.

Laurie, una directora ejecutiva de treinta y cinco años de una empresa de préstamos hipotecarios de Boston, levanta la mano.

—No tengo hambre, pero quiero tener. Quiero comer de todos modos.

—¿Por qué? —le pregunto.

—Porque tiene buen aspecto y lo tengo delante de mis narices. Es el mejor consuelo de la ciudad. ¿Qué hay de malo en buscar consuelo en la comida?

—Nada en absoluto —le respondo—. La comida es buena y el consuelo también lo es. El único problema es que cuando no tienes hambre y lo que deseas es consuelo, la comida no es más que un alivio pasajero; ¿por qué no ir directamente a la causa de tu malestar?

—Es demasiado duro afrontar las cosas directamente, demasiado doloroso y no tiene fin. Y si va a ser eternamente doloroso, al menos me queda la comida —responde.

—Entonces, según tú, ¿lo mejor que puedes conseguir de esta vida es una sopa fría de verduras?

Vuelve a tomar la palabra con voz temblorosa.

—Es el único consuelo verdadero que tengo y no me voy a privar de él.

Una lágrima recorre su mejilla derecha y se detiene en su labio superior. Las cabezas se mueven asintiendo. Una ola de murmullos recorre el círculo.

—Lo que hacemos aquí: esperar en silencio hasta que todas se hayan servido, me recuerda a las cenas en familia. Mi madre bebía, mi padre se ponía furioso y nadie hablaba. Era horrible —continuó Laurie.

—¿Cómo te sentías en aquellos momentos? —le pregunté.

—Sola, fatal, como si hubiera nacido en la familia equivocada. Quería huir, pero no tenía adonde ir, me sentía atrapada. Y ahora me siento igual. Como si todas estuvierais locas y yo estuviera atrapada en un grupo de chifladas.

Más cabezas que se mueven. Más murmullos. Una mujer australiana me mira desafiante, su larga melena negra hasta la cintura roza el bol de sopa. Supongo que piensa que Laurie tiene razón y que puede plantarse en el aeropuerto en quince minutos.

Pero aquí mismo, justo ahora, en el centro de esta herida —*He sido abandonada y traicionada por alguien y lo que realmente importa y lo que me queda es la comida*— es donde se encuentra el vínculo entre la comida y Dios. Marca el momento en que nos hemos dado por vencidas respecto a nosotras mismas, respecto al cambio, a la vida. Marca el lugar en el que sentimos miedo. Marca los sentimientos que no nos permitimos sentir, y con ello nuestra vida se restringe y se vuelve yerma y obsoleta. En ese lugar aislado estamos a un paso de la conclusión de que Dios —fuente de bondad, sanación y amor— nos ha abandonado, nos ha traicionado o se ha convertido en una versión sobrenatural de nuestros padres. En los retiros, la práctica de trabajar esta desesperación no se basa en ejercer la voluntad o invocar la fe, sino en ser curiosas, amables y participar del escepticismo, la desesperación y la ira.

Le pregunto a Laurie si puede darle un espacio a ese aspecto suyo que se siente atrapado y solo.

Me responde que no, que no puede. Me dice que sólo quiere comer.

Le pregunto si está dispuesta a considerar la posibilidad de que esto no tiene nada que ver con la comida.

Me dice que no, que no puede. Me mira fijamente con una mirada de hosca determinación que indica: «Mantente alejada. Vete. No me interesa». Sus ojos están entrecerrados y los labios apretados.

En la sala parece que falta el aire. El grupo ha dejado de respirar; las participantes nos miran expectantes a Laurie y a mí con los ojos muy abiertos.

—Me pregunto —les digo— por qué estáis tan empeñadas en sacarme de en medio. Parece como si una parte de vosotras se hubiera confinado al aislamiento, quizás a la destrucción.

Laurie deja la cuchara que había estado sosteniendo medio en el aire y me mira fijamente.

—¿Te has rendido? —le pregunto.

Es una pregunta peligrosa porque apunta directamente a la desesperación, pero la hago, puesto que ella ha estado luchando contra mí durante los tres últimos días y me preocupa que abandone el retiro en un estado de dolorosa retirada.

—¿Cuándo te propusiste no volver a creer en nada?

Inspira de golpe y se sienta en silencio durante unos minutos.

Echo otro vistazo a la sala. Suzanne, madre de tres niños pequeños, está llorando. Victoria, una psiquiatra de Michigan, observa absorta lo que está sucediendo, a la espera de lo que va a pasar.

—Deseo morir desde que tenía unos diez años —dice Laurie en voz baja.

—¿Puedes concederle un espacio a esa niña de diez años? —le pregunto—. ¿La que no veía ninguna salida a la desesperada situación en que se encontraba? Observa atentamente para ver si puedes sentir únicamente la herida.

Laurie asiente con la cabeza

—Creo que puedo hacerlo —responde en voz queda.

No le pido que lo haga para consolar a su «niña interior». No creo en las niñas interiores. Creo que hay partes de nosotras que se han quedado congeladas —residuos de dolor no digeridos— que han de reconocerce y aceptar, para poder conectar con esas partes que nunca han sido heridas o agredidas o estado hambrientas. Aunque el trabajo que realizamos en los retiros suele considerarse terapéutico, no es una terapia. A diferencia de la terapia, que se ha creado como una reacción a nuestro pasado, no está diseñado para potenciar la autoestima. Lo que hacemos en los retiros está diseñado para revelar lo que está más allá de la autoestima, lo que no está condicionado por el pasado. Nuestra personalidad y sus defensas, una de las cuales es nuestra relación con la comida tan cargada de emociones, son un vínculo directo con nuestra espiritualidad. Son las miguitas de pan que nos conducen a casa.

—No sé qué es lo que me ha pasado, pero de pronto se me han quitado las ganas de comerme la sopa —dice Laurie.

—Parece como si hubiera algo aún mejor que la comida que llega a aquello que considerabas intocable, y en lo más profundo de ti estás descubriendo que eres más grande que tu sufrimiento.

Asiente con la cabeza y sonríe por primera vez en tres días.

—La vida no parece tan mala en este momento. Decir en voz alta lo mal que me sentía cuando tenía diez años hace que ahora no me parezca tan mala. Creo que lo que me sucede es que puedo sentir a esa niña de diez años y su tremenda tristeza sin convertirme del todo en ella, y eso está bien.

El mero hecho de poder conectar con su dolor sin que la destruya significa que no se ha perdido todo, que todavía hay esperanza, que no hay nada que no tenga remedio. Asiento con la cabeza y le pregunto si quiere seguir hablándome.

—Creo que por ahora es suficiente —responde.

Pido a las comensales que cojan sus cubiertos y den unos cuantos bocados más observando lo que comen, su sabor y cómo se sienten.

Al cabo de unos minutos, Nell, que viene a mis retiros desde hace siete años, levanta la mano.

—Ya no tengo hambre, pero de pronto me he dado cuenta de que tengo miedo de apartar la comida.

—¿Por qué? —le pregunto.

—Porque... —y empieza a llorar— porque me doy cuenta de que no estoy mal... y que te enfadarás conmigo si te enteras.

—¿Por qué debería enfadarme contigo?

—Porque te darás cuenta de cómo soy en realidad y no te va a gustar.

—¿Qué es lo que voy a ver?

—Vitalidad. Mucha energía. Determinación. Fuerza.

—¡Vaya! —exclamo—. ¿Y qué es lo que no me va a gustar de todo eso?

—Que no te voy a necesitar. Y te sentirás amenazada por ello.

—¿Por quién me tomas? ¿Hay alguien que conoces que se haya sentido amenazado por tu espléndida forma de ser?

Nell empieza a reírse.

—Hola, mamá.

En la sala se produce un estallido de risas.

—Ella siempre estaba muy deprimida. Y si me comportaba tal como soy, no podía soportarlo. Tenía que reprimir mi grandeza. Tenía que estar tan destrozada como ella, de lo contrario me rechazaba y eso no podía aceptarlo.

—¿Qué le sucede a tu cuerpo, Nell?

—Es como si fuera una fuente de color. Como si estuviera proyectando vivos tonos rojos, verdes, dorados y negros desde mi pecho, brazos y piernas...

—Muy bien, vamos a detenernos aquí un momento...

Recorro la sala con la vista. Anna, la que quería mandarme a paseo, está llorando. Camille, que ha estado con cara de aburrida durante todo el retiro, parece estar totalmente absorta en lo que está sucediendo. La atención del grupo se está centrando en lo que dice Nell sobre la necesidad de estar destrozada. Se pueden identificar con la creencia de que, si se sienten heridas y perjudicadas, serán amadas.

Miro a Nell y le digo:

—Cuando te detienes y te permites sentir lo que te están ofreciendo, ello nunca coincide con lo que esperabas. Has pasado de tener miedo a convertirte en una fuente en tres minutos...

—Es como si este espacio silencioso y tranquilo hubiera estado esperando mi regreso —comenta ella—, como si hubiera estado ahí toda mi vida, como si fuera más yo misma que ninguna otra cosa.

Se pone en pie y las mira a todas. Aparta la silla y dice:

—Escuchad esto, chicas: ¡No estoy deprimida!

Más carcajadas. Nell prosigue.

—Este proceso me maravilla. Primero tuve que enfrentarme a la comida. Tuve que dejar de utilizarla para consolarme. Porque me parecía una locura y no tenía tiempo para el tema espiritual. Luego, cuando se calmó mi apetito, al menos tuve que permitirme sentir la desesperación: me costó. Ésa fue la parte en la que tenía que creer en lo que decías Geneen, que mi resistencia al sufrimiento era más fuerte que el propio sufrimiento. Pero sentir que no estoy deprimida, eso es algo para lo que me faltan palabras. Es como una bendición. Como decir que lo bueno no es sólo para los demás, sino también para mí. ¡Lo bueno *soy* yo!

Puesto que casi ha llegado la hora de la siguiente sesión que tiene lugar en la sala de meditación, les pido a las asistentes que comprueben su grado de hambre y que lo califiquen del uno al diez, teniendo en cuenta que uno significa que tienen hambre y diez que se sienten llenas, y coman según cuál sea su apetito.

—Nos reuniremos en la sala de meditar en treinta minutos —les digo levantándome de mi silla.

Cuando me dirijo hacia la puerta una mujer que se llama Marie me agarra la mano y me dice:

—Quiero decirle una cosa al grupo. ¿Te parece bien?

Asiento con la cabeza, preparándome para lo que venga. Marie se ha mostrado escéptica desde que empezó el retiro. Ha estado sentada durante las sesiones mirándome con los brazos cruzados delante del pecho como queriendo decir: «Demuéstramelo, encanto. Demuéstrame que este tema de la comida es algo más que simplemente abrir y cerrar la boca». Después de cada charla me había retado, me había plantado cara; justo ayer me había dicho que lamentaba haber venido.

—Esto no es más que OJODCP —dijo—. Y estoy harta de todo esto. Quiero adelgazar de una maldita vez y acabar con esta historia.

—¿Qué es OJODCP? —le pregunté.

—Otra Jodida Oportunidad de Crecimiento Personal —respondió Marie.

Me reí con tanta fuerza que empecé a resoplar.

—Discúlpame por haberme reído —respondí—. Bueno parece que ahora le toca a la OJODCP cargar con el mochuelo. Quizá descubras que este retiro hace que te abras de forma que jamás hubieras podido imaginar.

—Lo dudo —respondió, y salió pisando fuerte. Su cola de caballo de pelo rojo rizado y un tanto suelta se balanceaba con el movimiento de su cuerpo al alejarse.

Ahora, en el comedor, Marie vuelve a hablar.

—Se me acaba de ocurrir que todo aquello que creemos sobre nuestras vidas está aquí. El mundo entero está en estos platos.

—Amén, hermana —le digo. Antes de salir por la puerta, me acerco a ella y le susurro al oído—: Vamos a por Otra Jodida Oportunidad de Crecimiento Personal.

De camino hacia la sala de meditar vuelvo a darme cuenta de que todo el retiro podría tener lugar en el comedor, que nuestras convicciones sobre la comida y el comer son un fiel reflejo de todas nuestras creencias. En cuanto sale la comida, salen nuestros sentimientos. En cuanto afloran nuestros sentimientos, se produce un inevitable reconocimiento de violencia autoinfligida y de sufrimiento que alimenta cualquier obsesión. Y en la esencia de ese reconocimiento está la voluntad de participar del sufrimiento y desentrañarlo, en lugar de ser sus prisioneras. La exquisita paradoja de esta implicación es que cuando permitimos realmente el sufrimiento, éste se disuelve. Perdemos peso de forma natural y sin esfuerzo. Sin autoinfligirnos dolor, ni obsesionarnos con las historias sobre lo que está mal, lo que queda es lo que había antes de que empezara: nuestra conexión con el sentido y con lo que consideramos sagrado.

En 1978, dirigí mi primer grupo de adictas a la comida; en la primera reunión, me sobraban veinticinco kilos, y debido a un malentendido con una amiga peluquera que me había hecho la permanente, lucía rulos en mi cabeza.

Meses antes, cuando estaba a punto de suicidarme por haber engordado treinta y seis kilos en dos meses, había tomado la decisión radical de dejar de hacer dieta y comer lo que me pidiera el cuerpo. Desde la adolescencia había engordado y adelgazado unos cuatrocientos cincuenta kilos. Fui adicta a las anfetaminas durante cuatro años y a los laxantes durante dos. Había vomitado, escupido, ayunado y probado toda dieta imaginable, desde la de los cereales Grape-Nuts hasta la de un *sundae*** con sirope de caramelo al día, pasando por la de Atkins, Stillman y la de Weight Watchers. He sido anoréxica —estuve casi dos años pesando treinta y seis kilos— y he estado bastante gorda. Casi siempre, gorda. En mi armario tenía ocho tallas diferentes de pantalones, vestidos y blusas. Amargada por mi falta de autoestima y mi vergüenza, dudaba entre intentar destruirme o ponerme en forma con la mejor promesa de perder trece kilos en un mes.

---

* Copa de helado con nata bañada con algún sirope. *(N. de la T.)*

En los tiempos de ese primer grupo de un dólar por sesión, durante unos meses había estado comiendo lo que me pedía mi cuerpo. Había perdido unos kilos —un gran logro para alguien que creía que iba a hacer dieta durante el resto de sus días— y poco a poco empecé a darme cuenta de que mi relación con la comida había contaminado todas las demás partes de mi vida.

Todas aquellas mujeres que no salieron corriendo y gritando cuando vieron que la gorda con rulos en el pelo —y no estoy bromeando— era la que dirigía el grupo, siguieron reuniéndose conmigo una vez a la semana durante dos años en nuestra exploración conjunta del papel que desempeñaba la comida en nuestras vidas. Hasta que en 1982, publiqué mi primer libro, *Feeding the Hungry Heart*, y empecé a dar charlas por todo el país —Alaska, Minesota, Florida, Nueva York—. Trabajé con cientos de mujeres en mis grupos semanales. Mujeres que juraban que siempre habían tenido que guardar bajo llave la comida en sus armarios de cocina y esconder la llave de pronto eran capaces de comer de forma comedida. Mujeres que jamás habían podido perder peso de pronto descubrían que la ropa les venía demasiado ancha, que no les apretaban las cinturillas.

Al cabo de un año de haber dejado de hacer dieta llegué a mi peso natural, que sigo manteniendo después de tres décadas. Pero más que mi nueva talla, lo que más me entusiasmaba era lo ligera que me sentía, aunque no acababa de entender la relación entre confiar en mí misma respecto a la comida y mi necesidad de cosas menos tangibles (como el descanso, el contacto y el sentido); la relación con la comida se convirtió en el filtro a través del cual empezaba a ver casi todas las cosas.

El maestro zen Shunryu Suzuki Roshi dijo que la iluminación era seguir algo hasta el final, y pronto deduje que si seguía el impulso de comer sin hambre hasta su misma esencia descubriría todo lo que creía sobre amar, vivir y morir en ese mismo instante, en ese preciso momento. Así pues, seguir la relación con la comida hasta el final describe bastante bien cómo he pasado los últimos treinta y dos años.

Cuando dirigí mi primer retiro de seis días en el mes de mayo de 1999, pensaba que iba a ser un evento aislado. Mi propósito era fusionar las dos grandes pasiones de mi vida: mi trabajo con la comida y mis años de meditación y búsqueda espiritual. Empecé a meditar en 1974. Había vivido en *ashrams* y monasterios y era alumna de la escuela Diamond Approach, que imparte una filosofía no confesional que utiliza la psicología como puente hacia la espiritualidad. Todavía no me sentía cómoda cuando oía la palabra *Dios*, y la palabra *espiritual* evocaba en mí una visión de piedad y austeridad que no encajaba con —creo que me voy a quedar corta— mi vasta colección de suéteres de nudos y botas de color miel. Todavía experimentaba como una docena de momentos de neurosis al día, pero también gozaba de más momentos de contentamiento y libertad de los que hubiera podido imaginar una jovencita rellenita de Queens. Quería que todo el mundo supiera lo que yo sabía, que tuviera lo mismo que yo.

Aun así, me sorprendió lo que sucedió.

No fueron historias sobre comilonas, dieta y ayunos lo que escuché; ni historias sobre abusos y traumas. Ya las había escuchado antes. No, lo que me alucinó fue que tras años de trabajar la adicción a la comida, lo cual había estado tratando como un problema psicológico y físico, de pronto me di cuenta de que también era una puerta hacia un resplandeciente universo interior.

Cuando hubo finalizado el primer retiro, las participantes querían regresar; querían repetirlo. Me recordaron esa tarde que presencié un eclipse total de sol en Antigua. Mi esposo y yo estábamos junto al mar con una docena de personas, todos llevábamos gafas oscuras especiales para no dañarnos la vista con el sol. Observamos cómo la luna cubría completamente al sol. Estábamos de pie mudos y embelesados por la oscuridad. A medida que la luz iba regresando lentamente, alguien gritó a la luna: «Otra vez. Vuelve a hacerlo».

Puesto que nosotras teníamos ventaja sobre la luna —podíamos *repetirlo*—, así lo hicimos. Y todavía lo hacemos.

Tal como he dicho en otros retiros, he aprendido que todos tenemos una visión básica de la realidad y de Dios según la cual nos guiamos todos los días en nuestras relaciones con la familia, con los amigos y con la comida. No importa si creemos en la existencia de un solo Dios, de muchos dioses o de ninguno. Todo aquel que respira, piensa y siente tiene algún tipo de creencia respecto a Dios. Y puesto que los cuidados maternales son nuestro primer patrón preverbial de una existencia en la que nos sentimos aceptadas o rechazadas, amadas o abandonadas, muchas hemos fusionado nuestra relación con nuestra madre con nuestros conceptos sobre Dios.

Tanto si somos conscientes de esas primeras experiencias y creemos en patrones preverbiales como si no, eso no altera el resultado: nuestra vida cotidiana, desde lo mundano hasta lo sublime, desde nuestras reacciones al encontrarnos en un atasco de tráfico hasta nuestras respuestas a la muerte de un ser querido, todo son expresiones —proyecciones— de nuestras creencias más profundas.

Para descubrir lo que realmente crees, observa cómo actúas y lo que haces cuando las cosas no salen como esperabas. Fíjate en lo que valoras. Observa cómo y en qué pasas tu tiempo. En qué gastas tu dinero. Y qué comes.

Pronto descubrirás si crees que el mundo es un lugar hostil y necesitas controlar tu universo inmediato para que las cosas vayan bien. Descubrirás si crees que no tienes suficiente para seguir adelante y que has de tomar más de lo que necesitas para asegurar tu supervivencia. Descubrirás si crees que estar en silencio es insoportable y que estar sola equivale a sentirse sola. Si permitirte sentir tus sentimientos significa estar deprimida. Si ser vulnerable es para blandengues o si abrirte al amor es un gran error. También te darás cuenta de cómo usas la comida para expresar todas y cada una de estas creencias básicas.

Ahora ofrezco retiros dos veces al año y muchas de esas primeras participantes, a pesar de haber trabajado su sufrimiento con la comida y haberse adelgazado, siguen asistiendo para —tal como ellas dicen— conectar consigo mismas.

Las introducciones (o, en este caso, prólogos) se supone que son para contarte a quién va dirigido el libro y por qué has de leerlo. Probablemente, no sea la persona más indicada para responder a estas preguntas porque me parece que todas las personas tenemos alguna historia con la comida y, por lo tanto, todo el mundo debería leerlo. Todo el que come, todo aquel que quiere saber por qué no puede dejar de hacerlo, todo aquel que quiere utilizar aquello que desea eliminar de su vida (adicciones, sentimientos molestos, creencias irrefutables sobre sus propias limitaciones) como medio para lograr más de lo que más desea (paz imperturbable, infundir sacralidad a la vida cotidiana y comodidad dentro de su propio cuerpo, mente y corazón) debería leer este libro. También, toda persona que haya pensado alguna vez en el sentido de la vida, se haya cuestionado la existencia de Dios o se haya sentido abandonada por Él.

¿He incluido a todos los seres vivos?

Probablemente, pero tal como he dicho, no soy objetiva en estos asuntos, puesto que me he pasado dos tercios de mi vida asombrándome del poder y las implicaciones de nuestra relación con la comida.

Aquí, ahora, tienes casi todo lo que sé sobre cómo utilizar el comer como una vía para liberarte del sufrimiento, de la desmitificación de la pérdida de peso y llegar hasta la luminosa presencia de lo que tantas personas llaman Dios.

PARTE I
PRINCIPIOS

1

Sobre Dios

El año en que corté mi relación con Dios recurrí a los Hostess Sno Balls.

Tenía once años y cada noche rezaba para tener una recia melena y encontrar novio, pero principalmente para que mis padres dejaran de gritarse el uno al otro. Al cabo de un año todo seguía igual.

Había oído hablar de Dios a través de dos fuentes: *Los diez mandamientos*, que protagonizaba Charlton Heston, y mi amiga Janey Delahunty, que le escribía cartas en la clase de estudios sociales. Después de ver lo que Dios les hizo a los egipcios, estaba segura de que podría darles una o dos lecciones a mis padres sobre la paz en familia. Y cuando Janey me describió a un Dios que leía sus cartas y respondía a sus plegarias, yo también empecé a rezar, pero no era capaz de ponerme a escribir. Años más tarde en *Children's Letters to God* [Cartas de niños a Dios], un niño escribe (estoy parafraseando): «Querido Dios: amo a mi familia, pero me pregunto si probaste alguna otra antes de enviarme a ésta».

No me gustaba rezar. No me gustaba arrodillarme y hablar al aire, sentía como si estuviera implorando el amor que sabía que no podía tener. Cuando mis plegarias no recibieron respuesta, me sentí avergonzada por creer que me podría salvar; llegué a la conclusión de que Dios había visto algo en mis células que era irreversible y que por eso me había dejado de lado.

A los once años, era tremendamente susceptible, tenía la sensación de que el mero hecho de ocupar un puesto en nuestra mesa roja de formica era la razón del odio entre mis padres y de la violencia que mutuamente se propinaban. Se tiraban cosas, se marchaban de casa durante horas o incluso días. Mi madre se parecía a Sofía Loren, pero en rubio, mi hermano parecía sacado de *Leave it to beaver**, pero yo tenía cara de luna, el pelo grasiento y los tobillos tan gruesos como las patas de un piano. Ni siquiera Robert Grady, que olía a calcetines sucios me elegiría para bailar con él en nuestra fiesta de sexto.

Apúntate a la comida.

La visión de un Hostess Sno Ball llenó mi mundo de color. El esponjoso y prístino montículo de *marshmallow* espolvoreado con coco. La promesa de su relleno de chocolate. Y luego, ¡oh!, el glaseado de azúcar blanco. Durante el rato en que ingería cuatro o seis Sno Balls, tenía el pelo rizado, mis piernas eran tan largas como las de Madi Isaacs y mis padres se miraban con devoción en nuestras excursiones al lago George, donde comíamos sándwiches de ensalada de huevo con pan de molde sin corteza. Recurrí a la comida por la misma razón que otras personas recurren a Dios, era mi

---

* Serie televisiva norteamericana de la década de 1950, en la que se narraban las aventuras de una familia perfecta. (*N. de la T.*)

visión del éxtasis, mi vehículo para ir al cielo, mi prueba concreta de que era posible evadirse del dolor que me producía la vida cotidiana.

Luego desaparecía el efecto.

El envase de celofán quedaba vacío, y los trocitos de coco rallado, entre mis dientes, y seguía con mi convicción de que la razón por la que no tenía unos padres que se cogieran de la mano en los desfiles era mi gordura. Así que empecé a hacer dieta el mismo año en que comencé a atiborrarme. Hacer dieta me daba un propósito. Atiborrarme me aliviaba del continuado esfuerzo por ser otra persona.

Durante casi dos décadas, mi sufrimiento respecto a cualquier cosa —la relación entre mis padres, la muerte de mi novio Sheldon, mi rellenita cara de luna— se expresaba a través de la comida. Excederme en la comida era mi forma de castigarme y de avergonzarme; cada vez que engordaba, cada vez que fracasaba con mi dieta, me demostraba que el peor de mis temores era cierto: que era patética, que estaba sentenciada y no merecía vivir. Podía haber expresado esta desesperación consumiendo drogas, robando en las tiendas o bebiendo, pero escogí el chocolate.

Hacer dieta era como rezar. Era un acongojado llanto para quienquiera que estuviera escuchando: *Sé que estoy gorda. Sé que soy fea. Sé que no soy disciplinada, pero mira cuánto me esfuerzo. Observa con qué fuerza intento controlarme, pasar hambre, castigarme. Estoy segura de que debe haber alguna recompensa para las que sabemos lo horribles que somos.*

Y como justamente hacer dieta y atiborrarme eran las dos formas principales en que expresaba mi desesperación, las consecuencias de no hacer dieta ni atiborrarme fueron sorprendentes. Tomar la decisión de dejar de hacer dieta fue como una herejía, como romper un voto que nunca debería haber roto. Fue como decir: «Dios, estabas equivocado. Mamá, estabas equivocada. Merezco la salvación». Y de alguna manera, al tomar la decisión de que no iba a seguir permitiendo la creencia de mi propia degradación, surgió algo que jamás se me hubiera ocurrido invocar: el aprecio, ser consciente de la bondad y el conocimiento inequívoco de que había encontrado mi lugar.

No tenía nombre para esa bondad. No creía en Dios ni en las experiencias místicas, pero no me cabía la menor duda de que estaba teniendo una experiencia directa de un algo innominado que trascendía mi mente, mi infancia y mis conceptos del bien y del mal. La única forma en que puedo explicar esto aún hoy en día es que mi nivel de sufrimiento llegó a un estado crítico de desesperación en el que o me suicidaba o se me revelaba una forma de vida totalmente distinta. Aunque soy consciente de que en muchos casos el sufrimiento humano no conduce a una revelación, por alguna razón, en mi caso así fue.

Tras esa revelación inicial, pasé años cuestionándome mis viejas creencias, años de búsqueda espiritual y científica para alcanzar un nivel de comprensión más elevado de lo que la mayoría de las personas llaman Dios, pero fue el sufrimiento de mi relación con la comida lo que me abrió la puerta.

No creo en un Dios con una larga melena blanca con una vista de rayos equis con la que es capaz de favorecer a algunas personas, a algunos países, a algunas religiones y a otros no. No creo en un omnisciente morador de los cielos que escucha las plegarias. Pero sí creo en un mundo más allá de las apariencias y en que hay mucho más de lo que imaginamos que no podemos ver, tocar o conocer tan sólo con la mirada. Y creo —porque lo he experimentado innumerables veces— que el mundo que trasciende las apariencias es tan real como una silla, un perro o una tetera.

Y creo en el amor. Y en la belleza. Creo que todas las personas tienen algo que les parece bonito y que realmente lo aprecian. El olor del pelo de un hijo, el silencio de un bosque, la sonrisa pícara de un amante. Su país, su religión, su familia. Y estoy convencida de que si sigues ese amor que sientes hacia algo hasta el final, si empiezas con lo que más te gusta y sigues su rastro hasta su esencia, se te revelará una senda de serenidad que permitirá la manifestación de lo que más amas, como un cielo sin nubes deja que brille la luna.

No creo en el dios que la mayoría de las personas llaman Dios, pero creo que la única definición de Dios que tiene sentido es el de aquél que utiliza esta vida y su sufrimiento —las cosas que creemos que hemos de ocultar o cambiar— como la vía para llegar a la propia esencia del amor. Ésta es la razón por la que la relación con la comida es una vía perfecta.

Aunque soy consciente de que algunas personas consideran que la palabra *Dios* es muy fuerte y que puede crear divisiones, mientras que otras tienen una relación con Él altamente satisfactoria, utilizo esta palabra en este libro porque representa un vasto concepto que no podemos entender con nuestra mente, aunque sí *conocer* a través del silencio, de la poesía o simplemente de sentir esa presencia eterna.

Y como comparar la comida con Dios suena extraño a la mente —los dos se parecen tanto como los componentes de titanio de un ordenador y las peonías rojas—, todo lo que crees sobre la comida y Dios puede derrumbarse. Y en ese espacio restante del no saber, quizá descubras lo que yo experimenté en primera persona: que entender nuestra relación con la comida es el camino más directo para volver a casa después de un largo exilio. Quizás ese hogar sea lo que Dios siempre ha significado para mí.

2

Pon fin a la guerra

La primera mañana de mis retiros siempre les digo a mis alumnas que la gran bendición de sus vidas es su relación con la comida. Sus miradas son socarronas, pero estoy encantada de que tengan la voluntad de escucharme hasta el final. Luego les digo que no vamos a arreglar su relación con la comida, que lo que en realidad vamos a hacer es cruzar la puerta de su problema con la comida y descubrir qué es lo que hay detrás. En lugar de utilizar la comida para evitar la inquietud, van a aprender a tolerar lo que creen que es insoportable.

Me miran atónitas. Fruncen el ceño. Se susurran las unas a las otras.

¿Por qué cualquier persona que esté en su sano juicio pensaría que tolerar lo intolerable vale la pena?

Está a punto de producirse el caos.

Entonces, puesto que me parece que ha llegado el momento, les cuento la parte de lucha, sufrimiento e infierno de mi historia. En las últimas décadas he descubierto que las experiencias de infiernos personales, contadas con brevedad en los momentos tensos y hostiles, son muy útiles para disolver la amargura. Les cuento los años en que engordé y adelgacé casi quinientos kilos, en que me desprecié, en que tenía ganas de suicidarme. Después les hablo de mi decisión de dejar de hacer dieta y de comer todo lo que me apeteciera.

He contado esta historia durante muchos más años que la he vivido, pero recientemente me he dado cuenta de que la parte más importante no es que dejara de hacer dieta, sino que abandoné mis intentos de cambiar. Dejé de luchar conmigo misma, dejé de culpabilizarme, de echarles la culpa a mi madre y a mi fallecido novio de mi gordura. Puesto que las dietas eran mi esfuerzo más evidente de intentar cambiar, también las abandoné. Ya no me importaba estar tan gorda y que lo único que pudiera ponerme fuese un vestido de verano en pleno mes de noviembre, había llegado a mi umbral de lucha y llegué a la conclusión de que tenía dos opciones: dejar de hacer dieta o suicidarme.

La mayoría de mis alumnas no se pueden imaginar una vida sin dietas o sin intentar reducir la talla de sus muslos. Les resulta más fácil imaginarse que los muertos resucitan o que Brad Pitt les pide que se casen con él que abandonar la lucha contra su cuerpo. Tienen amistades basadas en compadecerse mutuamente por los diez kilos que les sobran, porque los tejanos ya no les entran y por la última de las grandes dietas. Se atraen por su odio hacia ellas mismas. Por intentar con todas sus fuerzas perder esos últimos diez, veinticinco o cuarenta kilos, sin ser capaces de lograrlo jamás. Para congeniar necesitan compartir el no ser capaces de lograrlo nunca. Su lucha constante con la comida y la talla es importante para que las quieran. Son como Sísifo empujando la roca hasta la cima de la montaña y viéndola caer cuando está a punto de conseguirlo, por lo que tiene que volver a empezar de nuevo.

Lo bueno de ser Sísifo es que ya sabes lo que tienes que hacer. Siempre estás ocupada. Siempre y cuando te esfuerces, empujes y pongas todo tu empeño en hacer algo imposible, sabes quién eres: alguien con un problema de peso que está haciendo todo lo posible por adelgazar. No has de sentirte perdida o indefensa porque siempre tienes una meta que jamás podrás alcanzar.

En abril de 2007, en un estudio de la UCLA (Universidad de California en Los Ángeles) sobre la eficacia de hacer dieta, los investigadores descubrieron que una de las mejores formas de predecir un aumento de peso era haber adelgazado con una dieta en algún momento durante los años previos al comienzo del estudio. Entre aquellos a los que se les hizo un seguimiento durante un periodo inferior a dos años, el 83 por ciento engordó más de lo que había adelgazado. En otro estudio se descubrió que las personas que hacían dietas estaban en *peor* situación económica que las que no la hacían.

El fracaso forma parte del juego del peso. No se puede jugar y ganar.

Leo estos estudios a mis alumnas. Les digo: «Si estuvierais enfermas y el médico os sugiriera un tratamiento que os empeorara, ¿lo seguiríais de todos modos?» Espero a que me respondan «Pues, claro que no». Espero que se den cuenta de que una industria que genera sesenta mil millones de dólares al año les ha lavado el cerebro.

Sin embargo, siempre hay alguien que dice: «Me he perdido cuando has llegado a lo del vestido de verano en pleno noviembre». Alguien más asiente con la cabeza. El sentimiento general que reina en la sala es que para llevar un vestido de verano con una cinturilla de goma a mediados de noviembre tendrían que estar ciegas o paralíticas. ¿Y qué si hace falta una guerra a gran escala para evitar la gordura, si han de seguir culpabilizándose o culpando a sus madres y parejas por su relación con la comida, si su autoestima se deteriora con cada fracaso de seguir una dieta? Toda guerra tiene sus daños colaterales.

Durante los primeros días de retiro, las participantes están convencidas de que tengo respuestas para los entresijos de sus vidas. Realmente creen que hay algo que solucionará sus problemas de peso, incluyendo eso que no son capaces de expresar con palabras: cómo te sientes siendo tú misma. Viviendo tu vida, con tu familia, con tu mente. Cómo te sientes siendo insulinodependiente o con una amiga a la que le acaban de diagnosticar cáncer de mama. Intelectualmente, se dan cuenta de que adelgazar no ayudará a su amiga con cáncer, pero la promesa de perder peso es lo que les permite vivir en un pequeño lugar mágico desde el cual todo lo demás se vuelve más llevadero.

Una mujer me dijo que no era adelgazar lo que ella quería, sino sentirse delgada y esbelta, como si no fuera por la vida con exceso de equipaje. Luego prosiguió diciendo como quien no quiere la cosa que hacía unos pocos años había fallecido el amor de su vida y que luego tuvo otra relación sentimental con otro hombre que acababa de morir hacía tres semanas a causa de un infarto de miocardio. «Pero lo que más necesito —dijo— es estar esbelta y delgada, lo necesito. Realmente lo necesito.»

Cuando le pregunté cómo se sentía tras la pérdida de dos seres queridos en el transcurso de unos pocos años, respondió con toda naturalidad:

—Siempre me dejan. Siempre me abandonan.

—¿Siempre? —le pregunté.

—Sí —respondió—. Siempre.

Cuando le pregunté por su creencia del «siempre», por sus sentimientos de abandono, me dijo: «No puedo tener esos sentimientos. Acabarían conmigo, me destrozarían. Lo que he de hacer es enfocarme en estar delgada y esbelta. Entonces podré hacer frente a todo lo que venga».

En su mente, estar delgada significaba ser lo bastante fuerte para enfrentarse al caos de sentimientos que no quería sentir. A su corazón roto, a la pérdida. A estar sola.

Si mi cuerpo está en forma —aunque nunca lo ha estado y probablemente nunca lo estará—, podré permitirme sentir lo que ahora no puedo.

Si me corrijo de forma que deje de ser yo misma, entonces todo irá bien. Podré manejar mis sentimientos.

Una alumna me dijo: «Si dejo de intentar adelgazarme, o comeré tanto que ocuparé dos asientos en el avión o me sentiré tan perdida que me convertiré en una vagabunda que duerme en las escalinatas de las iglesias».

Aunque no me cabe la menor duda de que utilizar la relación con la comida como microcosmos de nuestros sentimientos sobre estar vivas conduce a perder peso —lo he comprobado miles de veces—, la mayoría de las personas todavía son reticentes a dejar de hacer dieta y abandonar la lucha.

Courtney E. Martin en *The Christian Science Monitor* dice: «Hay muchas chicas que han sido educadas totalmente fuera del contexto de una religión organizada, y la mayoría del resto hemos experimentado la "espiritualidad" únicamente asistiendo a los servicios religiosos las fiestas de guardar junto con nuestra abuela luciendo su típico peinado con el pelo crespado.

»[...] Encubrimos nuestra falta de búsqueda espiritual con un exceso de entrenamiento en la ambición [...], y ya tienes una generación de muchachas sin Dios [...], educadas principalmente sin un sentido fundamental de la divinidad. De hecho, nuestra valía en el mundo siempre ha estado vinculada a nuestro aspecto [...], no al asombroso milagro de la propia existencia.»

Las mujeres recurren a la comida aunque no tengan hambre porque *están* hambrientas de algo que no saben qué es: la conexión con lo que está más allá de las preocupaciones de la vida cotidiana. Algo imperecedero, sagrado. Pero sustituir el anhelo de la conexión divina con Oreos con relleno doble es como darle un vaso de arena a una persona que se muere de sed. Le dará más sed, más pánico. Combina la gran ineficacia de hacer dieta con la falta de conciencia espiritual y tendrás generaciones de mujeres locas, hambrientas y que se desprecian. Estamos tan obsesionadas con acabar con nuestras obsesiones, con deshacernos de nuestro sufrimiento y desoír lo que éste nos está queriendo transmitir que extraviamos partes de nosotras mismas con la esperanza de que nos encuentren debajo de ellas. Pero corregir cosas no significa que seamos nosotras mismas. La verdadera riqueza de la obsesión reside en la inefable serenidad, en la compleción irrefutable, que descubrimos cuando recurrimos a su fuente.

Al igual que todas las personas en esta cultura que se mueren por las dietas, las participantes de mis retiros son reticentes a abandonar sus desesperados intentos de cambiar. Saben que hay algo en sus vidas que no va bien, y como no tienen su peso ideal, creen que el problema está en la comida y que hacer dieta lo arreglará. Cuando les sugiero que están intentando arreglar algo que nunca se ha estropeado, se genera una ola de ansiedad en la sala.

Preguntan: «¿Cómo puedes decir que no pasa nada cuando no quepo en mi ropa? ¿Cuando mi marido no me toca porque estoy demasiado gorda? ¿Cuando me quedo sin respiración al subir escaleras? ¿No te das cuenta de que hay algo que está muy, pero que muy mal?»

Y yo les respondo: «Sí, algo anda mal, pero no se arreglará adelgazando». (Puesto que la mayoría de ellas ya han estado delgadas al menos una vez, dos veces o docenas de veces, ya lo saben, pero siempre lo olvidan.) «Los incesantes intentos de estar delgadas os alejan cada vez más de lo que podría acabar con vuestro sufrimiento, que es conectar con quienes sois realmente. Con vuestra verdadera naturaleza. Con vuestra esencia.»

Brazos cruzados, mandíbulas apretadas. Las «etereidades» —la esencia, verdadera naturaleza, si es que existen— pueden esperar hasta que me adelgace.

«¿Recordáis algún momento, quizá cuando erais muy jóvenes, cuando la vida tal como era —quizás el simple hecho de que fuera de madrugada o cualquier día de verano— os bastaba? Cuando estabais bien tal como erais, no por vuestro aspecto o por lo que hacíais, sino sólo porque todo era como era. Nada estaba mal. Cuando estabais tristes, llorabais y ahí quedaba todo. Volvíais a un sentimiento fundamental de positividad y bondad porque estabais vivas. ¿Y si ahora pudierais vivir del mismo modo? ¿Y si vuestra relación con la comida fuera la puerta?»

Michael Ondaatje en *El paciente inglés* escribe: «Un hombre en un desierto puede recoger la ausencia en las manos juntas en forma de cuenco, porque sabe que hay algo que le alimenta más que el agua. Hay una planta [en el desierto] cuyo corazón, si lo extraes, es sustituido por un fluido con propiedades medicinales. Todas las mañanas se puede beber el líquido que se genera en la cavidad que albergaba el corazón».

Comer de forma compulsiva es un intento de evitar la ausencia (de amor, de consuelo, de saber lo que has de hacer) cuando nos hallamos en el desierto de un momento, sentimiento o situación en concreto. En el proceso de resistirnos al vacío, en el acto de alejarnos de nuestros sentimientos, de intentar una y otra vez adelgazar esos mismos diez, veinticinco o cuarenta kilos, nos olvidamos de lo que realmente podría transformarnos. Pero cuando aceptamos lo que más deseamos evitar, evocamos algo en nosotras que no es producto de nuestra imaginación, que no está atrapado en el pasado, que no es una imagen antigua de nosotras mismas. Evocamos a la propia divinidad. Y de este modo podemos recoger el vacío, las viejas heridas y el miedo en nuestras manos juntas en forma de cuenco y contemplar la ausencia de nuestros corazones.

3

Nunca subestimes
tu tendencia a huir

En la primavera de 1982, acudí a un teléfono público para llamar desesperadamente a una empresa de helicópteros para huir del retiro de silencio budista en el que llevaba exactamente quince horas. Unos pocos años atrás había estado en la India y buscaba un camino espiritual donde no hubiera ningún hombre de pelo encrespado que masticara betel y que se autoproclamara la encarnación de Dios. Kate, mi terapeuta, me había convencido para que asistiera al retiro, pero se había olvidado de decirme que tendría que pasar quince horas al día meditando, y a mí se me había olvidado preguntar. También se le había pasado por alto mencionarme que no podría hablar ni entablar contacto visual con nadie en todo ese tiempo.

El chico que se puso al teléfono me preguntó dónde estaba.

—En medio del desierto —respondí—. En el parque nacional de Joshua Tree.

—No hay plataformas de aterrizaje para helicópteros en

esa zona, señora, y de haberlas, le costaría muy caro. Miles de dólares.

Era el segundo día de retiro y me parecía que estaba perdiendo el juicio. En la espeluznantemente silenciosa sala de meditación, la noche anterior había tenido visiones en las que me levantaba y gritaba: «¡Gilipollas, gilipollas!», como si tuviera el síndrome de Tourette. Era evidente que tenía que marcharme.

Intenté pensar en otras alternativas que no fueran el helicóptero, como hacer autoestop, suplicar, caminar. Ninguna era viable. De las ciento cincuenta personas que participaban en el retiro —que ahora estoy convencida de que pertenecían a un culto de zombis budistas que caminaban en lento estupor meditativo por el lugar—, no conocía a nadie. En mi abarrotado dormitorio —con quince mujeres y un cuarto de baño—, faltaba el aire, y a pesar del precepto de la no violencia, yo estaba a punto de cargarme a la roncadora que tenía en la cama de al lado. Me imaginaba atizándole en la cabeza con un enorme cacto.

Pasar diez días con mi propia mente era como estar encerrada con una loca en una estrecha celda sin salida.

«Dos mil quinientos dólares», farfulló el chico de la compañía de helicópteros, y puesto que mi sueldo preparando sándwiches de aguacate y queso en una tienda de productos naturales de Santa Cruz era de seiscientos dólares al mes, salir del retiro volando no era una opción para mí.

La maestra budista Pema Chodron escribe: «Nunca subestimes tu tendencia a huir».

Siempre se lo digo a mis alumnas la primera noche del retiro. Se ríen porque piensan: «¿Yo? Yo no voy a huir. Este asunto de la comida me tiene tan preocupada que haría lo que fuera —*cualquier cosa*— por resolverlo».

La primera noche están demasiado cansadas del viaje, algunas han atravesado el país y otras un océano o dos. Pero el segundo día ya empiezan a hacer planes para volver a casa. O piensan que ya están aburridas y que no van a aprender nada nuevo. Lo más habitual es que piensen que comer no está tan mal y se preguntan si les voy a devolver su dinero para irse a un crucero.

Les cuento mi historia del helicóptero. Les cuento que si comer compulsivamente puede estar dentro de alguna categoría, sin duda se trata de una forma de escapar de nosotras mismas cuando las cosas se ponen difíciles. Cuando no queremos saber lo que está pasando. La adicción a la comida es una forma de distanciarnos de las cosas cuando no son como nos gustaría. Les digo que acabar con la obsesión por la comida se basa en nuestra capacidad para vivir el presente, para no abandonarnos. No es necesario elegir entre adelgazar y poner esto en práctica. Perder peso es la parte fácil, cada vez que eres consciente de tu hambre y de tu sensación de estar llena, pierdes peso. Pero también les digo que la adicción a la comida es básicamente una negación a estar plenamente vivas. No importa cuánto peses, las adictas a la comida padecemos anorexia del alma. Nos negamos a aceptar lo que nos nutre. Vivimos pasando hambre, y cuando ya no podemos soportarlo más, nos atiborramos. La forma de conseguir todo esto es mediante el simple acto de huir —de abandonarnos— cientos de veces al día.

Pero eso no afecta al hecho de darse cuenta de pronto —con el consiguiente pánico— de que no quieren llegar hasta el centro de sus vidas. Una cosa es decir que no quieres utilizar la comida para anestesiarte, ni sentirte mal por la talla que gastas, ni que te estás suicidando con una hamburguesa doble con queso y patatas fritas. Pero detenerte a preguntarte qué es lo que realmente está pasando cuando quieres comer aunque no tengas hambre, observar cómo aspiras tres magdalenas antes de darte cuenta de que te las estás comiendo, es ir demasiado lejos. Hay algo sobre la aceptación de la impredecible fragilidad de esta vida que excede nuestra voluntad. De modo que cuando empiezas a sentir, notar o pensar algo desagradable, pies para que os quiero.

Hay muchas formas de huir. Salir por la puerta. Alquilar un helicóptero. Distraerte para no sentir el dolor haciendo miles de cosas: pensar en otra cosa, culpar a tu madre, culpar a otra persona, pelearse, compararse con otras personas, soñar con el futuro, recordar el pasado, no involucrarse nunca demasiado.

Comer.

Pasarte la vida intentando adelgazar o tratando de resolver ese problema.

Resignarse a la lucha interminable con la comida para no tener que profundizar nunca en el sentido que tiene la misma, ni descubrir quién eres y cómo podrían ser tus relaciones sin el drama de la comida.

Quedarte donde estás con tus sentimientos, con lo que estás viendo o experimentando es el primer paso para poner fin a la obsesión con la comida. Y aunque parezca que acabar con nuestra obsesión es lo que todas queremos, en realidad queremos conservarla un poco más. Y por varias buenas razones.

La obsesión nos mantiene ocupadas cuando tenemos el corazón hecho pedazos por acontecimientos desgarradores. Como ver que tu hijo enferma o que tu pareja muere. Estar con tus padres cuando envejecen, ver que llevan pañales y que se olvidan hasta de sus propios nombres. La obsesión te ofrece un billete de avión para huir de cualquier situación descorazonadora. Te proporciona un helicóptero para huir del desierto. Crea un mundo paralelo, un holograma de las emociones, pasiones y de los impresionantes reveses de la vida. Te proporciona la ilusión de sentirlo todo sin ser vulnerable a nada. En el drama de la obsesión, eres la estrella, la coprotagonista, la directora y la productora. Los demás, incluso tus hijos, no son más que figurantes. Figuras de cartón. Cuando te mueres por comer algo, por ejemplo, estás tan enfocada en llevarte la comida a la boca que dejas a tu hija en el coche, como hizo una de mis alumnas, y te olvidas de que está allí. La obsesión implica cierto grado de locura, sí, pero su valor es que ahoga la locura de la vida. Especialmente ahora, que vivimos al borde de la autodestrucción y de la destrucción del medio ambiente, no huir —estar despiertas sin drogarnos con la comida, el alcohol, el trabajo, el sexo, el dinero, las drogas, la fama o la negación (sobre la crisis que estamos viviendo)— es mucho pedir.

Antes pensaba (bueno, vale, a veces todavía lo pienso) que cuanto menos manifestara mis sentimientos, menos me dolería cuando lo perdiera todo. Cuando murieran mis seres queridos. Cuando las cosas fueran mal. A veces me conmociono y deseo que mi esposo Matt se muera para acabar de una vez con esta preocupación. En mis peores momentos (cuando veo las cosas con el ojo de una niña), vivo entre el temor al infortunio y el deseo del mismo, entre la preocupación de que a Matt le pase algo cada vez que sale por la puerta y mi convicción de que me sentiré aliviada si sucede.

Ésta es la misma dinámica de pensamiento que hace treinta años se convirtió en obsesión por la comida. La creencia inconsciente de que no podría manejarlo, soportarlo, de que no tenía la piel lo bastante dura o el corazón lo bastante resistente para afrontar lo que tenía delante sin hacerme pedazos. Que es otra forma de decir que la obsesión es una manera de organizar nuestra vida para no tener que enfrentarnos nunca a la parte más dura —la que transcurre desde los dos años hasta nuestra muerte—. Aunque me doy cuenta de que no es tan dura y algunas personas —Matt y quizás una o dos más— no lo ven de este modo, las adictas a la comida no estaríamos obsesionadas con la comida si creyéramos que la vida es tolerable sin ella.

El quid de la cuestión es que no es la vida en el momento presente lo que resulta intolerable; el sufrimiento que intentamos evitar ya se ha producido. Estamos viviendo a la inversa.

No significa que en el presente no suframos. Todos los días recibo cartas de personas que se esfuerzan por vivir un día más. Esta mañana he recibido noticias de una de mis alumnas, en la que me cuenta que su madre fue a la peluquería el jueves como de costumbre y que el viernes se puso a desvariar de tal forma que tuvo que ser ingresada en un centro de salud mental. «Mi padre está destrozado. Llevan sesenta años casados y no tengo idea de cómo voy a afrontar esto.»

La respuesta a «No tengo idea de cómo voy a afrontar esto» es: permítete llorar, suspirar, sentir como si te estuvieran oprimiendo el corazón con una roca. Hazle compañía a tu padre, escucha su dolor. Acepta la ayuda de tus amistades y observa que al final de cada día sigues viva. Observarás que cuando no utilizas la comida para encerrarte en ti misma, para abandonar a tu cuerpo, te sientes más viva. Sentir algo, aunque sea tristeza, es diferente de lo que imaginabas. Cuando no te abandonas, vives una vida diferente donde se incluye la vulnerabilidad, la ternura, la fragilidad y cambia el paisaje —haciéndolo más verde, amplio, asombroso— de la vida tal como la conocías hasta ahora.

En la medida en que adoptamos el modo supervivencia —no puedo sentir esto, no voy a sentir aquello, esto duele demasiado, va a acabar conmigo—, nos estamos metiendo en nuestra piel de bebé, en viejas formas, en yoes familiares. Los niños pequeños, especialmente los bebés, somatizan el sufrimiento por la pérdida, el abandono o los abusos a través de su cuerpo; no diferencian entre el dolor físico y el emocional. Si el dolor es demasiado intenso y las defensas demasiado débiles, el niño se volverá psicótico y/o morirá. Para una niña que se encuentra en una situación difícil de la que no puede escapar, desarrollar una defensa que le permita alejarse psicológicamente de la misma, encerrándose en sus sentimientos o recurriendo a algo que la tranquilice, puede salvarle la vida. Pero si de adultas seguimos creyendo que el dolor puede matarnos, estamos viendo la vida a través de los ojos del yo frágil que fuimos una vez y volvemos a confiar en la extraordinaria defensa que desarrollamos: salir corriendo. Las obsesiones son formas de abandonar antes de que nos abandonen porque creemos que el sufrimiento de quedarnos acabaría con nosotras.

Pero la persona que resultaría muerta, el «yo» en la creencia de «el dolor es grande y yo soy pequeña», es una idea, un recuerdo, una imagen de ti misma que ha perdurado desde la infancia. Ya te has sentido destrozada. Eso fue entonces. Nunca más volverás a ser así de pequeña. No dependes de nadie para que te defienda, te quiera y así poder seguir respirando.

Quedarse implica ser consciente del deseo de huir. De las historias que te cuentas sobre tu necesidad de huir. Quedarte significa reconocer que cuando sientes deseos de huir estás viviendo en el pasado. Crees que eres alguien que ya no existe. Quedarte implica sentir la curiosidad de conocer quién eres realmente ahora cuando no te identificas con una serie de recuerdos. Cuando no basas tu existencia en el recuerdo de lo que te sucedió, cuando no te identificas con la chica que tu madre/padre/hermano/profesora/amante no vio o le gustó. Cuando sientes el «quién soy yo» de una forma directa, inmediata, justo ahora, sin ideas preconcebidas.

Cuando te quedas, te cuestionas lo que nunca te habías preguntado antes: el yo que crees que eres. El yo que no es tu pasado, ni tus hábitos, ni tus compulsiones. Todo es posible. Incluso sobrevivir al peor de los sufrimientos.

Cuando tengo miedo de que Matt muera al salir de casa, temo no ser capaz de sobrevivir sin él. Cuando siento que preferiría que se muriese para acabar con ese sufrimiento, quiero detener el dolor del sufrimiento anticipado. Siempre que crea que el dolor podrá conmigo, siempre que considere que estar abierta y ser vulnerable supone ser vulnerable a la aniquilación, estoy creyendo en una imagen de mí misma: la de que soy aniquilable. Y cuando creo eso, huyo de distintas situaciones implicándome en diversas actividades que alteren mi mente y anestesien mi cuerpo. Me encierro en mí misma o salgo de casa cuando el dolor amenaza con destruirme, que es en cualquier situación que implique a otro ser humano o cuyo resultado no puedo controlar. Vivo una existencia autista.

Pero también sucede otra cosa: la negación a aceptar la vida tal como es —y por consiguiente a involucrarme en ella—. A aceptar las cosas tal como son. La gente envejece, enferma y muere. O muere de repente. O sus muertes se alargan una eternidad. Mi amiga Tory se está muriendo poco a poco a causa de un cáncer de huesos extraordinariamente doloroso. Ocho amigas mías han muerto de cáncer de mama. Los osos polares mueren. Las abejas se están extinguiendo. Los océanos se están secando. Hay una parte de mí que reclama que me devuelvan lo que he pagado. Es como decir: «No vine aquí para esto. No me gusta cómo funciona todo y no voy a participar en ello».

Stephen Levine, un maestro budista, dice que el infierno es desear estar en un lugar diferente al que estás. Estar en un sitio y desear estar en otro. Estar siempre ansiosa —otra palabra para no aceptar— por lo inevitable. Mantener una relación con alguien y no rendirte al amor, porque no quieres entregarte a algo que al final acabarás perdiendo.

Eso es vivir en el infierno: negarse a amar porque quieres que el final del juego sea diferente, que la vida sea distinta de lo que es.

También se le llama irse sin irse. Morir antes de morir. Es como si hubiera una parte de ti que tiene tanto miedo a que le hagan daño con el amor que te lo haces tú misma primero. ¿Qué otro nombre podríamos darle? Obsesión.

Una de las primeras cosas que suceden durante los retiros es que las participantes empiezan a discutir conmigo, a quejarse de la organización del retiro, de los momentos en que nos reunimos, pero yo lo veo como el descenso inicial al infierno (según la definición de Stephen): estoy aquí, pero desearía no estar. Ha de haber otra forma más fácil. Quiero que me devuelvan el dinero. No me gustan las reglas del juego.

Pero el verdadero «no me gusta» es: no me gusta tener esta obsesión por la comida, pero no quiero hacer lo que tengo que hacer para eliminarla. Pensaba que sí, pero ahora que estoy aquí me doy cuenta de que he cambiado de idea. Prefiero someterme a otra dieta, pensar que todo es cuestión de fuerza de voluntad y de comer los alimentos adecuados. Prefiero adelgazarme mil veces más que ver cómo soy realmente; que hacer el trabajo de ser consciente de mí misma; que conocerme; que descubrir lo que realmente pienso de la vida, del amor, de Dios.

El deseo de abandonar el retiro es una expresión del deseo de abandonar la obsesión, de fingir que es un problema menor que se puede solucionar en unas semanas con unos pequeños ajustes, haciendo ejercicio y controlando las raciones. Es una forma de decir: «Ésta no es mi vida, no es mi problema. No tiene sentido estar aquí».

Pero a medida que pasan los días, el vórtice del retiro adquiere fuerza y sucede algo inesperado. Mis alumnas abandonan la lucha porque se vuelven conscientes de algo que jamás hubieran pensado que existía: aquello que trasciende el sufrimiento. Aquello que el sufrimiento pasa por alto.

Una participante me dijo que esperó tres años para venir al retiro, hasta que sus hijos pequeños fueran lo bastante mayores como para poder prescindir de ella durante cinco días seguidos. No obstante, cuando llegó, deseó marcharse de inmediato. Despreciaba lo que estaba sucediendo porque decía que no iba a aprender nada nuevo. Llamó a la compañía aérea para cambiar su billete de regreso. Pensó en volver en tren. Alquilar un coche y atravesar todo el país.

Esto es lo que escribió:

Al segundo día ya estaba harta de todo lo que sucedía aquí. Pensé: «Todo esto ya lo sé, son conceptos básicos. No necesito estar aquí y no voy a aprender nada». Quería marcharme. Pero entonces me di cuenta de que mi hastío, en realidad, se debía a mi resistencia a estar conmigo misma. Darme cuenta de esto hizo que me abriera. De pronto reconocí que el hastío impregnaba mi vida. La actitud de desprecio hace que me sienta atraída hacia aquellos aspectos de la espiritualidad que me resultan fáciles, accesibles y agradables. Me protege de lo que no sé. En el hastío no hay misterio. No existe la emoción del descubrimiento. No hay vida real.

La práctica de regresar al momento presente en lugar de que mi mente vaya a toda máquina no es fácil para mí. Por una parte, me esfuerzo tanto en mi carrera que mi deseo de que la espiritualidad sea fácil, relajada y agradable me parece justificado. La espiritualidad hace que me sienta bien al instante. Pero aquí he experimentado un cambio y he visto que la práctica real y coherente de comer, respirar y ser yo misma momento a momento es mi verdadero trabajo. La vida puede ser así. Soy consciente del compromiso que requiere quedarse, y entiendo que no es el mismo trabajo doloroso de picar piedra, de acabar con mi vitalidad buscando la aprobación de los demás, que he estado haciendo durante tanto tiempo. Veo que esto requiere humildad y el deseo incesante de volver a ser yo misma. Interesarme por lo que sucede aquí sin la interferencia de mi pasado. Pero ahora que he experimentado que mi mundo interior no está plagado de minas antipersonas —que todo se puede trabajar y que, en realidad, es maravilloso y digno de amor—, no quiero volver a vivir como lo hacía antes.

Para quedarte has de creer que hay algo que merece la pena, y luego tendrás que regresar una y otra vez. La visión inicial de asombro, amor, posibilidad, expansión se convierte en un compromiso de regresar, de reencontrarte después de cada huida.

Hace poco vi una entrevista a Stephen Levine (el de la anterior definición del infierno) y a su esposa de treinta años, Ondrea. Conocí a Stephen en una cena en Santa Cruz, en 1978, cuando era joven y vital (y, bueno, yo también lo era). En aquellos tiempos él daba seminarios sobre la muerte-y-morir, viajaba a todas partes, daba conferencias ante grandes audiencias de quinientas personas o más. Ahora, es tan frágil que no puede caminar ni cerrar el puño. Ondrea tiene leucemia y padece convulsiones. Los dos dijeron que no temían la muerte. Los dos dijeron: «Me gustaría que ella/él muriera antes, así no tendrá que sufrir el trance de morir solo/a».

«¡Dios mío!», pensé. Esto es muy diferente de mi loco deseo de que Matt muera para terminar con el sufrimiento que me produce el miedo a su muerte; desean mutuamente la muerte del otro para ahorrarle a su pareja el sufrimiento de quedarse sola. Es justo lo contrario a huir. Es adentrarse directamente en el sufrimiento con la comprensión de que en la vida hay cosas peores que un corazón roto, de que existe algo más allá, algo que absorbe completamente cualquier sufrimiento. Algo que contiene el dolor, que es más grande que él mismo. Y no hay lucha ni contra el sufrimiento ni contra eso que lo absorbe.

Entonces entendí contra qué sigo luchando y con qué intensidad: no sólo contra la muerte y la pérdida. También contra el hecho de que mis muslos son tan poco atractivos como una comida pasada o que ahora mi cuello parece, tal como dice la escritora Anne Lamott, que estuviera tapizado por el desierto de Utah. Siento que no puedo superarlo. Estoy en los cincuenta, y aunque no soy vieja-vieja, no puedo leer las etiquetas de los comestibles sin mis gafas cuando voy a comprar. El otro día compré una tableta de chocolate con chile, en lugar de chocolate con café. Una grave ofensa para mi dignidad. Me doy cuenta de que hacer el trabajo siempre es una posibilidad, pero luego siento como si llevara una máscara. Lucho contra lo inevitable. Huyo de la gravedad. Digo que creo en algo más profundo, algo imperecedero y algunas veces lo llamo Dios, pero de vez en cuando me olvido de lo que sé y quiero volver a salir corriendo.

En algún momento hemos de dejar de luchar contra la muerte, nuestros muslos y la realidad de las cosas. Nos daremos cuenta de que comer impulsadas por las emociones no es otra cosa que una forma de alejarnos de las múltiples versiones de lo que acabo de mencionar: la obsesión terminará cuando dejemos de huir. Entonces puede que respondamos como lo hizo la maestra espiritual Catherine Ingram, cuando alguien le preguntó por qué soportaba tanta tristeza profunda. «Vivo entre corazones rotos. Ellos la soportan», dijo.

4

No se trata del peso, pero sí se trata del peso

Hace unos años recibí una carta de una persona en la que había una cinta de Weight Watchers que tenía grabado: «He perdido cinco kilos». Debajo de las letras doradas, la persona que me mandaba la carta había añadido: «Y todavía me considero una mierda».

Pensamos que nos sentimos mal por lo que pesamos. Y cuando nos duelen las articulaciones y las rodillas y no podemos andar tres manzanas sin perder el aliento, probablemente nos sentimos mal físicamente por esos kilos de más. Pero si hemos pasado los últimos cinco, veinte o cincuenta años obsesionadas por esos mismos cinco o diez kilos, es porque pasa algo más. Algo que nada tiene que ver con el peso.

Hace unos años, mi amiga Sally se fue a una boda en Finlandia y se encontró con una prima lejana que estaba furiosa conmigo. Le dijo que había leído mis libros, seguido mis consejos y que había engordado cuarenta y cinco kilos. Me consideraba una charlatana, un fraude, una sinvergüenza. No la culpo. Si yo hubiera engordado cuarenta y cinco kilos creyendo que seguía el consejo de un experto, también estaría furiosa. ¡Cuarenta y cinco kilos! Mi respuesta a la prima de Sally fue decirle con la mayor delicadeza posible —y con la tranquilidad de los miles de kilómetros que nos separaban— que me daba cuenta de que ella pensaba que estaba siguiendo mis consejos, pero que yo no defiendo que comamos compulsivamente. Y para engordar cuarenta y cinco kilos hace falta comer de ese modo.

La mayoría de las personas se alegran mucho cuando oyen hablar, leen y empiezan a seguir un método que no se centra en perder peso como principal objetivo y creen que tienen licencia para comer lo que les dé la gana. «¡Ajá! —piensan. ¡Por fin alguien que entiende que no es una cuestión de peso!» Nunca se ha tratado del peso. Ni siquiera de la comida. «Estupendo —dicen— vamos a comer. Mucho. Sin parar.»

Y lo cierto es que no se trata del peso. Nunca se ha tratado del peso. Cuando se descubra una pastilla que permita a las personas comer lo que les plazca sin engordar, los sentimientos y las situaciones por las que recurrieron a la comida seguirán estando presentes, y encontrarán otra manera más sofisticada de autoanestesiarse. En *Atrapado en el tiempo*, cuando el protagonista, Bill Murray, se da cuenta de que no va a engordar aunque se coma mil tartas de cerezas, empieza a comer como si no existiera el mañana (pues en el guión de la película no existe). Pero la carga desaparece en cuanto se da cuenta de que puede comer todo lo que quiera sin las consecuencias habituales. Cuando eliminas la carga, lo único que queda es un trozo de tarta de cerezas que no tiene demasiada importancia. Y cuando te terminas la tarta, aquello que no tenía nada que ver con la misma —lo que te atrajo hacia ella— sigue estando allí.

En el último año, he recibido cartas o trabajado con personas que han:

- Hipotecado sus casas para pagarse una operación de *bypass* gástrico y que luego han vuelto a ganar todo lo que habían adelgazado.
- Pedido dinero prestado —mucho— a algún pariente para hacerse una liposucción y se han dado cuenta de que seguían odiando sus muslos.
- Han perdido cuarenta y cinco kilos y estaban tan decepcionadas porque ello no les había solucionado el verdadero problema de que han vuelto a engordar.

O quieres despertar o prefieres seguir dormitando. O quieres vivir o quieres morir.

No se trata del peso.

Pero *sí* se trata del peso.

La realidad del peso y sus consecuencias físicas son innegables. Algunas personas que asisten a mis cursos ni siquiera se pueden sentar cómodamente en una silla. No pueden subir una pequeña cuesta sin dolor. Sus médicos les dicen que si no adelgazan sus vidas corren peligro. Necesitan prótesis de rodilla, cadera, cirugías con banda gástrica LAP-BAND. La presión en el corazón, los riñones y las articulaciones es demasiado fuerte para que su cuerpo pueda aguantarla sin producirse alguna disfunción. Así que, *sí* se trata del peso en cuanto a que los kilos de más interfieren en una función básica: de sentir, hacer, moverse o estar verdaderamente viva.

La evidente realidad de la epidemia de la obesidad —el hecho de que el 75 por ciento de los norteamericanos tengan sobrepeso— acapara los medios. Las estadísticas sobre el peso, los nuevos fármacos que se han descubierto, la posibilidad de la existencia de un gen de la obesidad, de todo ello se habla en los medios de comunicación. Nadie puede discutir que tener un exceso de peso de cuarenta y cinco kilos no suponga un riesgo para la salud física.

Pero...

El quid de la cuestión es que tanto si pesas 154 kilos como sesenta y ocho, cuando comes sin tener hambre, estás utilizando la comida como una droga, lidiando con el aburrimiento, la enfermedad, la pérdida, la tristeza, el vacío, la soledad o el rechazo. La comida no es más que la intermediaria, el medio para lograr un fin. Para cambiar nuestras emociones. Para anestesiarnos. Para crear un problema secundario cuando el principal se vuelve demasiado insoportable. Para matarnos lentamente, en lugar de hacer las paces con nuestra desordenada, espléndida y corta, cortísima —aunque vivas hasta los cien— vida. Los medios para conseguir estas metas pueden ser la comida, el alcohol, el trabajo, el sexo o la cocaína. Navegar por Internet. Hablar por teléfono.

Por una serie de razones que no acabamos de entender (la genética, el carácter, el medio ambiente), las adictas a la comida elegimos la comida. No por su sabor. Ni por su textura o color. Queremos cantidad, volumen, peso. Lo necesitamos —y en mucha cantidad— para no ser conscientes.

Para borrar lo que está sucediendo. Lo que importa es el inconsciente, no la comida.

A veces la gente dice: «Pero es que simplemente me gusta el sabor de la comida. En realidad, ¡me encanta su sabor! ¿Por qué no puede ser así de fácil? Como demasiado porque me gusta la comida».

Pero...

Cuando te gusta algo, le prestas atención. Cuando te gusta algo —amas algo—, le dedicas tiempo. Quieres estar presente en cada segundo de éxtasis.

Comer en exceso no conduce al éxtasis, sino a eructar, a tirarte pedos y a estar tan mal que no puedes pensar en otra cosa que no sea en lo llena que estás. Eso no es amor; eso es sufrimiento.

El peso (en exceso o en defecto) es un efecto secundario. El peso es lo que sucede cuando utilizas la comida para allanar tu vida. Ni siquiera aunque te duelan las articulaciones, el problema no es la comida. Ni aunque tengas artritis, diabetes o hipertensión arterial. El problema es tu deseo de allanar tu vida. Es el hecho de que te has rendido sin decirlo. Es tu creencia de que no se puede vivir de otro modo, y estás utilizando la comida para expresarlo sin ni siquiera tener que admitirlo.

Esta mañana he recibido esta carta:

Cada vez que intento seguir tus consejos me entra el pánico y vuelvo corriendo a la seguridad del sistema de puntos de Weight Watchers. Y cada vez que vuelvo a los puntos, a la semana ya he fracasado y empiezo con una nueva tanda de comilonas y de autocastigarme.

Mi principal preocupación es que no sé cómo enfrentarme a mi verdadero problema en los otros aspectos de mi vida. Es mi primer año en un importante gabinete de abogados de Nueva York. Según dicen, estoy empezando a progresar y algún día seré alguien, pero por el momento necesito mucha «destreza» para realizar tareas que requieren ir al grano y revisar documentos sin poder echarle el diente a nada. Durante el día puedo controlar bastante bien lo que como, pero por la noche regreso a casa insatisfecha y el resultado es que me atiborro de comida.

Puedo ver fácilmente la relación entre este vacío y mis hábitos alimenticios. Tus libros lo plasman perfectamente. Y que he de plantarle cara a mi frustración con mi trabajo y mi carrera, en lugar de distraerme de ello con la comida. Sencillamente, no sé cómo hacerlo, puesto que he de seguir en este puesto durante al menos ocho meses más (para cobrar la paga de beneficios) y probablemente otros doce meses, hasta que mi novio termine su periodo de prueba y podamos pensar en trasladarnos a otra parte. Mentalmente, puedo reconciliar este trabajo con mi trayectoria profesional general, pero hoy por hoy es insufrible.

Creo que la razón por la que escribo esto es para restarle poder a esos atracones, pero a pesar de tener las ideas claras, no estoy segura de que realmente pueda seguir prestando atención a mi apetito si este trabajo continúa mermando mi energía.

¿Qué ha de hacer una chica que está destinada a ser Alguien, pero que de momento siente que No es Nadie Especial? ¿Cómo se enfrenta a lo que no se quiere enfrentar sin comer? Ése es el verdadero dilema. «No quiero estar donde estoy, por eso como, para compensar la "frustración". ¿Cómo puedo sentir frustración sin comer para sentirme mejor?»

Supongamos que sigue comiendo. Cada tarde cuando llega a casa se hincha de comer. No tarda en engordar, luego engorda más. Quizás engorda tanto que le duelen las articulaciones, la espalda, la presión en las rodillas se vuelve dolorosa, luego insoportable. En lugar de preocuparse por No Ser Nadie, ahora se preocupa porque tienen que ponerle unas prótesis en las rodillas. Se ha unido a las filas de las obesas, y a ella y a todo el mundo le parece que el problema está en su peso. Que si pudiera adelgazar su cuerpo funcionaría bien (probablemente sea cierto) y sería feliz (esto no es cierto). Pero su problema no es la comida que ingiere. Su problema, aunque al final se convierta en el exceso de peso, no es el peso, sino que no sabe —nadie se lo ha enseñado— cómo «enfrentarse» (tal como ella dice) a su «carencia». El vacío. La insatisfacción.

Veo cuatro opciones. La primera es seguir haciendo lo que hace. Eso es lo que hacemos la mayoría la mayor parte del tiempo. Atrapados en una encrucijada, en una paradoja —«He de quedarme aquí, pero no quiero. Quedarme aquí me hace desgraciada. Ser desgraciada hace que coma»—, generalmente, trasladamos toda nuestra atención a nuestra adicción a la comida y lo llamamos El Problema. Nuestra falta de fuerza de voluntad, nuestras comilonas nocturnas, el aumento de talla. Y aunque con el suficiente aumento de peso realmente se convierte en un problema que hemos de resolver, no deja de ser algo que hemos creado para no tener que enfrentarnos a lo desconocido.

Su segunda opción es dejar ese trabajo y encontrar algo que desee hacer en esos momentos. Algo más difícil, sobre todo si su pasión es convertirse en una buena abogada, lo cual al principio implica hacer tareas poco emocionantes.

La tercera opción —con la que está lidiando en estos momentos— es desenredar el nudo que denomina «problema». Para desmitificar el vacío, huye del mismo cada noche. Si los sentimientos nocturnos ya no le dieran miedo, no necesitaría recurrir a una droga para acallarlos.

Problema. Vacío. Son palabras, nombres que evocan pensamientos que nos asustan, que a su vez evocan sentimientos temibles. Tanto los pensamientos como los sentimientos se basan en su idea de lo que se supone que ha de ser y no es: «Se supone que he de ser Alguien Especial y aquí estoy, haciendo el trabajo sucio y revisando los documentos de otros. Esto no es lo que había soñado. Nunca conseguiré nada. Estoy malgastando mi vida. ¿Y si siempre es así? ¿Y si mis sueños no son más que quimeras? Debería haber supuesto que me iba a suceder esto. Debería haber hecho caso a la señora Simpkinson, mi profesora de octavo, cuando me decía que nunca conseguiría nada. ¡Me siento tan vacía! Me siento inferior, imperfecta, no soy y nunca seré nada. Necesito comer».

Sentirse inferior es terrible, pero ¿lo es? ¿Cómo lo siente realmente esta mujer? ¿Como un gran agujero en el estómago? ¿En el pecho? ¿Como si todo se hubiera venido abajo y estuviera al borde de un gran abismo a punto de despeñarse? Si deja de intentar controlar la caída y se deja ir, ¿qué sucederá? (Recordemos que todo esto son imágenes mentales. En realidad, no se encuentra al borde del abismo, probablemente esté sentada en una silla. No va a caerse a ninguna parte si se deja «ir» mentalmente.) ¿Es el vacío la experiencia del espacio o es otra cosa? Si es el espacio y lo siente directamente —en su cuerpo donde ella habita—, puede que note si hay algo que realmente le asusta o si no es más que una historia que ella misma ha creado.

Hay todo un universo por descubrir entre el «Me siento vacía» y recurrir a la comida para que este vacío desaparezca. El problema del peso es predecible. Cuando tenemos ese problema, sabemos lo que hemos de hacer. Autocastigarnos. Culpabilizarnos. Comer menos donuts. Pero permanecer en ese vacío —entrar en él, aceptarlo, utilizarlo para sentirnos mejor, ser capaces de diferenciar las historias que nos contamos sobre nosotras mismas del verdadero sentimiento— eso es radical.

Imagina lo que sería que no te asustara ningún sentimiento. Imagínate saber que nada te puede destruir. Que estás por encima de cualquier sentimiento, cualquier estado. Que eres más grande. Que eres más inmensa. Que no necesitas ninguna droga porque lo que pueda hacer una droga no es nada en comparación con saber lo que eres. Lo que puedes entender, vivir, ser, por el simple hecho de estar con lo que se te presenta envuelto en los sentimientos que tienes cuando regresas a casa por la noche.

Su cuarta opción es aceptar la situación. Abandonar su resistencia a hacer el trabajo rutinario. Comprender que así son las cosas por el momento y procurar mantener su atención en el presente cada vez que su mente se vaya por otros derroteros.

La aceptación es el principal reto para la adicción a la comida. Ésta es la razón por la que no es una cuestión de peso. De por qué hay personas que adelgazan cinco kilos y todavía se consideran una mierda.

La falta de aceptación y la infelicidad de la abogada son sinónimas. Supone —está segura de ello— que cuando se convierta en Alguien Especial, ya no se sentirá inferior ni la perseguirá el vacío. Yo también lo pensé, como un millón de veces. Se llama el *blues* de «Cuando me adelgace (cambiaré de trabajo, me trasladaré, encontraré una relación, dejaré esta relación, tendré dinero)». Es el estribillo del «Cuando haga...». Se llama postergar tu vida y tu capacidad para ser feliz a un futuro cuando..., ¡oh!, por fin consigas lo que deseas y la vida sea buena. En mis libros *Feeding the Hungry Heart* [Alimentando al corazón hambriento] y *Cuando la comida sustituye al amor*, he contado historias de personas que habían adelgazado y seguían sintiéndose mal. Que consiguieron lo que creían que era lo más importante de su vida y se dieron cuenta de que la felicidad seguía rehuyéndolas. Porque —sí, ya sé que es un tópico, pero es un tópico que es cierto— ser feliz o desgraciada no va en función de lo que tienes, de tu aspecto o de lo que consigues. No me siento precisamente orgullosa de decir que me he sentido mal en cualquier lugar, con cualquier cosa o persona. Me he sentido fatal en medio de un campo de flores en el sur de Francia a mediados de junio. Me he sentido fatal pesando treinta y seis kilos y con una talla XS. Y he sido feliz con una talla XL. Feliz al lado de mi padre moribundo. Feliz siendo telefonista.

No se trata del peso. No se trata de la meta. No se trata de Estar Delgada, de Ser Alguien Especial o de Conseguir una Meta. Esas fantasías sólo están en tu mente, y todas son para el futuro, y el futuro nunca llega. Porque cuando logres tus metas será «ahora mismo». Y en el «ahora mismo» seguirás siendo tú, haciendo lo mismo que haces ahora. Seguirás estando de pie, caminando, teniendo caries, abriendo la puerta de la nevera, durmiendo, siendo feliz, sintiéndote desolada, sola, amada, haciéndote vieja y al final morirás.

Pero *no* se trata de la comida, porque si sigues usándola como droga, seguirás alejándote del verdadero problema y creando uno nuevo, el del peso, y entonces no tendrás más remedio que prestarle atención a este último —con cierto grado de atención, entusiasmo y presencia— para poder ponerte de pie, caminar, abrir las puertas, dormir, sentirte feliz, desolada, amada, envejecer y morir. Si sigues sumando otro problema a la frescura de la vida, lo único que verás es lo que le has superpuesto. No puedes ignorar un problema, aunque seas tú quien lo ha creado.

En algún momento se convierte en un problema de peso. Cuando ya te afecta en todos los aspectos de tu vida, entonces tienes que resolverlo. No para convertirte en una escuálida supermodelo. Ni para ser esa imagen mental tuya que nada tiene que ver con tu cuerpo, tu edad y tu vida. Has de ocuparte de tu peso porque, si no lo haces, ya no puedes seguir viviendo. Cuando te arrastras de un lugar a otro sin aliento. Cuando te duele hasta sentarte. Cuando volar se convierte en un tormento e ir al cine supone un reto. Te has saturado tanto del problema que has creado que tu vida se reduce y tu visión se estrecha. Tu vida gira en torno a tus limitaciones. A lo que puedes y no puedes hacer. A cuánto puedes ocultar. A lo que te avergüenzas de ti. Cierras tus sentidos, abandonas el mundo de los sonidos, del color y de la risa a favor de la realidad que has creado. Si sigues usando la comida como droga, tu vida se centrará en tu peso, te perderás todo lo que no esté relacionado con él. Te habrás muerto sin haber vivido.

Ésta es la carta que le escribí a Nadie en Particular que espera Ser Alguien Especial y que mientras tanto está creando un problema de peso.

Por lo visto elegiste esta carrera y esta trayectoria profesional. ¿Puedes aceptar eso? No me refiero a resignarte, que es lo que la gente entiende por aceptación. Ni a hacerte la víctima: «Pobre de mí, no tengo más remedio que aceptar esta situación». Sino a la voluntad de dejar de definir tus tareas como un medio, en lugar de hacerlas porque eso es lo que has elegido. ¿Y si eso es lo que se supone que has de hacer porque ya es lo que haces? ¿Y si esa tarea rutinaria es la perfección en sí misma y te la estás perdiendo porque estás buscando otra cosa?

Es como fregar los platos. Si sólo te enfocas en lavar los platos para que tu cocina esté limpia, te pierdes todo lo que sucede entre la suciedad y la limpieza. La calidez del agua, el estallido de las burbujas, los movimientos de tu mano. Te pierdes la vida que tiene lugar en la zona intermedia, entre el ahora y lo que piensas que debería ser. Y cuando te pierdes esos momentos porque crees que deberías estar haciendo otra cosa, te estás perdiendo tu propia vida. Esos momentos han desaparecido. Nunca los recuperarás.

Incluso cuando seas Alguien porque tenían razón y estabas progresando —incluso cuando llegues a ser Alguien porque estás donde quieres ir—, tu vida no necesariamente será mejor si no has aprendido a estar despierta y a vivir el presente. A aceptar este momento tal como es. Es tan fácil ser desgraciada cuando eres Alguien Especial como cuando No Eres Nadie en Particular. Porque Alguien Especial también tiene que seguir viviendo en su propia piel y hacer frente a la monotonía, el rechazo, la soledad y la decepción. Incluso Alguien Especial ha de ir a su casa por la noche y hacer lo que hacen las que No Son Nada: dormir solo. También puedes aprender a prestar atención al presente. A vivir la vida que has elegido. A aceptar cada centímetro de tu cuerpo. A ocupar el espacio en ese cuerpo que se te ha dado. Es tu lugar. Sólo tuyo.

La escritora Annie Dillard dice: «La forma en que pasas tus días es la forma en que pasas tu vida». Sé totalmente sincera. Pregúntate cómo quieres pasar tus días. Puesto que de todos modos vas a seguir revisando documentos, ¿por qué no ser consciente de tu respiración y del tictac del reloj mientras lo haces?

Sea lo que sea lo que la realidad de tu día a día te ofrece, sin duda será mejor que la miseria que estás creando a través de las historias que te inven-

tas. Ha de ser mejor que los atracones nocturnos y que sumirte en el ciclo del autodesprecio y de las promesas de dejar de comer de ese modo.

Regresa. Sal del trance. Céntrate en tu respiración. En tus brazos. Tus piernas. Escucha los sonidos. El ruido que hace una silla al arrastrarla. El clac-clac de la fotocopiadora. Observa los colores. El azul marino del vestido de tu compañera de trabajo. La mancha de café en la corbata de tu jefe. Despierta a la algarabía de la vida que hay a tu alrededor en cada segundo. La cantante Pearl Bailey dijo: «La gente ve a Dios todos los días; pero no lo reconocen». ¿Y si cada día fuera una oportunidad de ver una nueva versión de Dios? ¿Y si lo que necesitaras estuviera en tus narices y no lo vieras?

Ya tienes todo lo que necesitas para ser feliz. Tu trabajo, a pesar de la escalera corporativa que estás subiendo, es para que hagas lo que sea necesario para darte cuenta de eso. Entonces no te importará si eres Alguien Especial porque estarás totalmente viva en todo momento, que me imagino que es lo que siempre has deseado con lo de progresar para Ser Alguien.

O con estar delgada.

5

Más allá de lo que está roto

En algún momento de mi existencia empecé a creer que el propósito de la vida era superar la prueba de la muerte. Que en el momento de mi último suspiro habría un juicio donde me vería forzada a revisar toda mi vida. Dada mi propensión a coger el trozo más grande de cualquier cosa y a acumular una gran cantidad de pendientes cuando la mayor parte del mundo vive con menos de un dólar al día, estaba segura de que el veredicto sería ir al infierno. Salvo, por supuesto, que pasara el resto de mis días intentando ser altruista como la Madre Teresa y que, además, prescindiera del brillo de labios. O que, al menos, repartiera todos mis bienes materiales y viviera en una choza de cañas, durmiera sobre un colchón de cáñamo, llevara ropa hecha de botellas recicladas y siguiera una dieta rica en microorganismos encontrados en la basura.

Cuando veo por primera vez a las personas que vienen a mis retiros, detecto esas mismas creencias canalizadas a través de su relación con la comida. Como si castigarse con los rigores de la dieta compensara de algún modo algún deterioro inherente o algo intrínsecamente malo de su existencia. Estar delgada se convierte en La Prueba. Adelgazar se convierte en su religión. Han de sufrir la humillación y el tormento, se han de comprometer con una interminable sucesión de privaciones dietéticas, porque sólo entonces serán puras, santas y se habrán salvado.

Cuando a principios de la década de 1970 recurrí a Weight Watchers, me quedé en casa de un amigo durante una semana. Él comía su pastel de carne con puré de patatas y yo lo que fuera que me pusiera mi dieta. Una noche, me hice la cena con las sobras de la comida del día: dos raciones de salsa de tomate fría —cocinar no era una de mis habilidades— y una ración de requesón. Me estaba sirviendo la cena en un bol cuando mi amigo Alan me dijo: «¿Realmente es esto lo que quieres comer? ¿Salsa de tomate fría con queso?» «Sí, por supuesto», le respondí. Pero lo cierto es que responder «No», no era una opción. No se me permitía comer lo que quería. Lo que quería no estaba permitido. Tenía que sacrificarme, expiar, compensar por ser yo misma. Por estar gorda.

La parte más difícil de enseñar a las personas a respetar y escuchar su cuerpo es que superen su convicción de que no tienen nada que respetar. No pueden encontrar ninguna parte de ellas que esté entera o intacta. Y cuando oyen que les digo: «Relajaos. Confiad en vosotras mismas», sienten como si las estuviera arrojando a los lobos. Como si las estuviera abandonando a una brutal y feroz ruptura. La posibilidad de que haya un lugar en ellas, en todas las personas, que está intacto, que nunca ha engordado un gramo, que nunca ha tenido hambre, que nunca ha sido herida, les parece un mito tan lejano como el de la diosa sumeria Inanna en su ascenso a la tierra tras haber estado colgada de un gancho en el infierno. Pero luego les hablo de los bebés. Les pido que recuerden su infancia y cómo llegaron al mundo siendo espléndidas y totalmente merecedoras de amor. Asienten con sus cabezas. Se dan cuenta de que la ruptura se aprende, que no es innata y que su trabajo es encontrar el camino de regreso a la plenitud.

Hace unos meses me desapareció la cara. No fue una desaparición de las de «Cariño, no sé dónde he puesto las llaves del coche», sino que una mañana al despertar me di cuenta de que mi rostro había sido sustituido por una esfera del tamaño de un balón de playa, una cavidad ondulada debajo de mi nariz, anteriormente conocida como boca y dos hinchadas protuberancias bajo mi frente por entre cuyas rendijas se podían ver lo que antiguamente habían sido mis ojos en forma de media luna. Bultos rojos supurantes —el resultado de una reacción alérgica de principios de semana— ocupaban el área donde recientemente todavía habitaba mi piel.

Puesto que era el segundo día de nuestro retiro bianual de una semana y el alejado lugar donde nos encontrábamos me impedía marcharme de allí para recibir atención médica y regresar a tiempo para la siguiente sesión, no podía hacer nada más que pasar el resto de la semana enfrentándome a un centenar de personas sin mi rostro.

El tercer día, mi cara tenía el doble de volumen que el día anterior y los bultos me dolían como si me estuvieran picando un millar de abejas. Al cuarto día, no podía abrir un ojo.

—¿Os cuesta mirarme? —le pregunté a uno de mis colaboradores.

—Sí —respondió él.

—¿Estoy muy deformada?

—¡Ajá! —exclamó—. Como el Hombre Elefante. Pero sólo me cuesta mirarte al principio. Luego me acostumbro.

Me gustaría poder decir que aceptaba mi nueva imagen con la ecuanimidad y la serenidad del Buda. Pero mi tendencia genética hacia el drama y la histeria me impulsaron hacia mis reacciones habituales. Me tocaba la cara cada treinta segundos para ver si había mejorado; me provoqué un inmenso sufrimiento negándome a aceptar lo que me estaba sucediendo. Quería recobrar mi rostro. *Ahora.* No era justo. No es que no estuviera de acuerdo con la idea de la pérdida, ni de que ciertas pérdidas —la muerte, por ejemplo— formaran parte de la vida. Pero ¿perder mi cara? Eso era demasiado.

Cada vez que veía algo que respiraba —una persona, un perro, una lagartija— pensaba: «Tú todavía tienes cara, ¿de qué te quejas?» Pensé en todas las personas que tienen el rostro deformado. En el verdadero Hombre Elefante. Pensé: «Si alguna vez recupero mi rostro, nunca más daré por descontado que tener mejillas es lo más normal del mundo. No volveré a quejarme de las patas de gallo, ni de mis manchas solares, ni de las arrugas». Me levantaré cada mañana y saludaré a mi semblante con entusiasmo y gratitud, como si fuera tan milagroso como el nacimiento de Jesús.

Y luego, lentamente, como estaba impartiendo un seminario sobre ir más allá de las apariencias de las cosas, empecé a darme cuenta de que no había nada que estuviera mal. Al principio, fue un poco a regañadientes, como si a una niña de tres años le diera una pataleta por haber perdido su muñeca favorita y se hubiera acostumbrado a montar el numerito a pesar de haberla encontrado. Viví mi miseria como si fuera algo natural. Porque podía hacerlo. Porque sabía cómo hacerlo. Porque me había acompañado durante mis primeros años. Pero cuanto más cuenta me daba de que no podía usar mi rostro como logo —lo que me caracterizaba como la persona que soy—, más libre me sentía. Sin mi cara, mi personalidad se disolvió. Cuando no pude fingir ser alguien especial, cuando ya no pude agrupar mis distintas partes para formar una máscara que diera la impresión de control y cohesión, entró un inesperado frescor por la puerta.

Fue como cuando en los momentos en que no puedo dormir, que no paro de dar vueltas, tengo calor, estoy sudando y ardo en un torbellino de actividad mental, entra un pensamiento que es como una oración: «Sal afuera. Abre la puerta de la calle y mira el cielo. Sólo un minuto. Escucha la noche». Si puedo salir del trance hipnótico negativo en el que me encuentro, me pongo algo de abrigo, abro la puerta y salgo a la cúpula de la noche. Al frescor. Al silencio. Al millón de destellos de luz. El corazón late una, dos, tres veces. La mente se libra de su frenesí y se fusiona con la inmensidad. Maravillada ante un mundo que en nada se parece al de hace diez minutos, el que siempre estoy creando en mi cabeza, vuelvo a entrar en casa como si yo también fuera un puntito de luz de la dimensión ilimitada, que transita por algún pasillo desconocido y que va desapareciendo a cada paso hasta quedarse dormido.

Cuando estuve sin mi rostro, cuando necesitaba la compasión, ésta apareció. Cuando me tocaba hablar, pude hacerlo. Todo lo que necesitaba que ocurriera —sentir, reír, llorar, pensar, dormir, sentarme, caminar, comer, saborear, tragar— sucedió sin mi cara. Algo a lo que normalmente no le llamaba yo seguía allí, aunque el medio físico con el que solía asociarlo no estuviera presente. Esto debe ser la esencia de la espiritualidad, pensé. Esta presencia inquebrantable, esta plenitud a prueba de pérdidas. Esto es lo que debe quedar cuando muere todo lo que puede perecer y desaparece todo lo que podía perderse.

Puesto que me encontraba en el retiro decidí utilizar mi cara como parte de la enseñanza. Les pregunté a mis alumnas qué veían cuando me miraban. ¿Creían que seguía siendo yo sin mi cara? Principalmente, lo que quería era utilizar sus reacciones ante mi cara como medio para explorar lo que pensaban sobre sus cuerpos. Si engordaban cinco kilos, si sus brazos no eran como ellas querían, ¿seguían siendo ellas mismas? Aparte de la historia repetitiva que se reproducía en sus mentes sobre cómo deberían ser, cómo querían ser, cómo tenían que ser las cosas para ser felices, ¿había algo que estuviera mal? ¿Qué es lo que quedaría cuando desaparecieran sus ideas sobre aquello de lo que estaban convencidas que no podían prescindir?

Meses antes habíamos hecho juntas el ejercicio del espejo. Les había pedido que se pusieran delante de un espejo de cuerpo entero y me dijeran lo que veían. Las letanías de comentarios eran todas similares: «Unos muslos monstruosos», «pelo grasiento», «una papada horrorosa», «unos brazos gordos», «veo la celulitis asquerosa asomando por mis pantalones», «no puedo soportar lo que veo. No puedo mirarme». *Mi cuerpo y yo somos uno. No tiene nada de bueno y, por lo tanto, tampoco hay nada de bueno en mí.*

Luego les pedí que volvieran a mirar sus cuerpos y empezaran por sus ojos. Que fueran más allá de su color y su forma y que contemplaran lo que veían. Para las que no entendían la parte de contemplar-lo-que-veían, les dije que recordaran, aunque fuera por un momento, cómo se sentían cuando eran pequeñas, antes de empezar a etiquetar y a nombrar los objetos del mundo. Cómo se sentían cuando contemplaban el espectáculo de forma y de color que les ofrecía una rosa, antes de saber que se trataba de una rosa y que pudieran compararla con otras. Lo que era encontrar un tesoro, cualquier tesoro —una piedra, el mar, la mano de su madre— antes de aprender a calificar y a despreciar algo porque ya lo conocían.

Entonces todas lo entendieron al instante, como si les estuviera hablando en un lenguaje secreto que habían estado esperando hablar sin darse cuenta de ello. Cuando se acercaron al espejo utilizaron palabras como *brillo, preciosa, completamente abierta*. «Veo sorpresa», dijo una. «Veo inocencia.» Al mirar sus rostros, las piernas que las transportaban, los brazos que sostenían a sus hijos, vieron belleza, dulzura y un festín de formas y colores. Una mujer, tras una profusión de adjetivos casi extáticos sobre su cuerpo (y lo que contemplaba su cuerpo), me dijo: «¡Geneen! ¿Me estás hipnotizando?» Desde que era adulta no recordaba haberse mirado sin desprecio. Le respondí que creía que ya había estado hipnotizada y que el resultado había sido el odio.

En nuestro retiro Sobre la Cara, casi todas dijeron que no se fijaron en mi rostro más que un momento. La cara, según parece, no es más que la puerta de entrada hacia lo que está detrás. Hacia lo que una de ellas llamó «la esencia de la esencia». (No todas fueron tan benévolas. Una dijo: «¡Vaya, una reacción alérgica! Me preguntaba por qué se te veía tan demacrada y mayor».)

«¿Y es esto lo que sentís respecto a vuestro cuerpo? ¿Qué es la puerta de entrada hacia lo que hay detrás? ¿Hacia algún tipo de esencia?», les pregunté.

No demasiado. En realidad, no. En absoluto. ¿Estás de broma?

Alguien dijo:

—¿Y si me estoy perdiendo lo esencial? ¿Y si estoy realmente rota?

—Eso es imposible —le respondí—. Vuelve a mirarte.

Luego le conté la historia del derviche sufí, mulá Nasrudín, que hacía contrabando por la frontera y era un maestro burlando a los guardias. Durante cuatro años, cada día cruzaba varias veces la frontera y cada vez los guardias sabían que estaba pasando objetos de valor que luego iba a vender por sumas extraordinarias en el otro lado. Pero a pesar de sus minuciosos registros y de ver que prosperaba económicamente, no podían encontrar nada en la silla de montar de su burro. Al final, al cabo de unos años, cuando Nasrudín se fue a otro país, el guarda de la frontera le dijo: «Bien, ahora puedes decírmelo. ¿Qué es lo que pasabas de contrabando?» Nasrudín con una amplia sonrisa le respondió: «Querido amigo, hacía contrabando de burros».

No lo vemos a simple vista, pero es un secreto a voces. Todos los días estamos en contacto con lo que no está roto. Pero le prestamos tanta atención al millón de detalles de la vida cotidiana que nos lo perdemos. Está allí, tanto si le damos un nombre, como si no. Tanto si le prestamos atención, como si no; nunca se va.

Piensa en un momento de tu vida en el que te transportaste más allá de lo que normalmente defines como tú misma. Cuando el tiempo se detuvo. Cuando sentiste que las fronteras de la vida ordinaria se disolvieron y se abrió una puerta hacia otra dimensión. Quizá sólo te ha sucedido una vez, en medio de una selva tropical o cuando diste a luz a tu hijo. Quizá te sucedió cuando tenías veinte años y estabas enganchada a las drogas. Quizá te sucede cada vez que entras en contacto con la naturaleza o cuando, sin razón aparente, de pronto eres feliz. Cinco minutos antes vas arrastrando los pies. Hace demasiado calor. Tus hijos están chillando o tu jefe te está gritando y odias tu vida. De pronto tienes una visión de la belleza y es como si se hubiera abierto la puerta de la jaula y te liberaras del torno de hierro de tu mente. Y todo está igual que hace cinco minutos, pero ha cambiado tu forma de ver y sentir las cosas.

Entre sus múltiples motivaciones, la adicción a la comida es una meta, un anhelo, un intento de conectar con ese lugar que está íntegro. Cuando preguntas a las personas que padecen trastornos alimentarios sobre su motivación para recurrir a la comida, dicen cosas como: «Quiero paz. Tranquilidad. Olvidarme de mí misma por un momento. Ir a otro lugar». Es como si ya tuvieran el conocimiento de la inmensidad que hay más allá de las preocupaciones de su vida personal y utilizaran la comida para acceder a la misma. Lo cual —no es de extrañar— conduce a más sufrimiento. Porque, por muy honorable que sea el intento, los medios para llegar hasta allí conllevan alienación, aislamiento y dolor.

Al final, nos agotamos tanto intentando arreglarnos que nos rendimos. Nos damos cuenta de que jamás hemos podido corregirnos, de que no hemos podido convertirnos en otra persona. Y dejamos de intentarlo. Perdemos la meta, no vemos el norte, no hay prueba que superar. Nadie está revisando nuestra puntuación. Nadie nos está observando para juzgar si somos merecedoras de subir un peldaño. Uno de mis maestros dijo una vez: «No puedes quedarte estancada si no intentas ir a alguna parte». Por último, nos damos cuenta de que esa inversión en la ruptura, en el constante esfuerzo de ser otra persona, ha sido justamente lo que ha alejado nuestra experiencia de plenitud. Si crees que tu trabajo consiste en arreglar lo que se había roto, seguirás encontrando más rotos que remendar. Es mejor que no tener nada que hacer. Especialmente en esta economía.

De una de mis alumnas:

Durante el retiro me he dado cuenta de todo lo que he hecho para compensar el ser yo misma. Cuánto he luchado y me he esforzado para contrarrestar lo que creía que estaba mal. He descubierto que no hay nadie cuya esencia esté deteriorada irremediablemente —que todo ser humano nace con un sentido intacto de ser él mismo—, pero la arquitectura de mi sistema nervioso parece haberse decantado en la dirección de: he de hacer algo para compensar ser yo misma. No puedo escuchar a mis impulsos porque, si los tengo yo (la deteriorada), también estarán deteriorados. Por consiguiente, he de hacer justamente lo que no quiero hacer porque, si es duro, si sufro, debe ser lo correcto. La dureza y el sufrimiento pondrán el marcador a cero, compensarán el daño.

Gran parte de mi anhelo de «despertar» procede de mi deseo de ser buena. Como si hubiera una gran madre en el cielo que me estuviera observando y me concediera la condecoración de la estrella de oro por levantarme todos los días a meditar. Por trabajar tanto conmigo misma, tan duro y durante tantos años. Siento que he de descubrir qué es lo que estoy haciendo para expresar quién soy y para mejorar. Lo que estoy haciendo porque es bueno en sí mismo y lo que hago para conseguir algo que no creo tener, para ser alguien que no creo ser. Estoy harta de tanta búsqueda —y de no encontrar nada— y me estoy

rindiendo. Me da miedo decir esto. Es como el mo-
mento en que dejé de hacer dieta. Sentí que estaba
pecando al anunciar al mundo y a mí que podía con-
fiar en mí misma. Ahora se trata de una rendición
diferente: del intento de expiar el haber nacido como
soy. Pero estoy dispuesta a hacerlo. Siento que he
de hacerlo. Ya no creo que haya algo roto en mí. Y
si lo hay, que no haya alguna forma de arreglarlo.

De lo que estoy convencida es de que cada vez que dejo de luchar contra cómo son las cosas sucede algo. A todas mis alumnas les sucede algo en cuanto desactivan su habitual programación sobre el miedo, la carencia y el vacío. No sé qué nombre darle a este giro de los acontecimientos o a la renovación que le sigue, pero sé lo que se siente: alivio. Se siente una bondad infinita. Como si fuera una fusión de las fragancias más exquisitas, la belleza más asombrosa y las melodías más inspiradoras que has escuchado. Como si fuera la esencia de la ternura, la compasión, la alegría y la paz. Como el amor en sí mismo. Y en el momento en que lo sientes, reconoces que *eres* esto y que siempre has estado aquí esperando tu regreso.

Cuando te olvidas, que es lo que haces siempre, de pronto entiendes que la bondad hacia todos —una planta, un animal, un desconocido, tu pareja— es lo que te acerca a esto. Que cuidar tu cuerpo es cuidar de esto. Que cuidar la Tierra es cuidar de esto. Y que te alejarás de cualquier cosa o persona que te pida que lo abandones porque esto es lo que siempre has deseado, lo que siempre has anhelado, lo que has amado durante toda la eternidad. Sin saber cómo, sabes que cada paso que has dado, cada persona que has amado, cada tarea que has realizado ha sido Esto conociendo a Esto. Tú regresando a ti misma. Y que el infierno no es más que abandonar esto. El cielo está aquí en la Tierra.

6

Reaprendiendo el encanto

Cuando iba al instituto soñaba con tener las piernas de Melissa Morris, los ojos de Toni Olivier y el pelo de Amy Breyer. De mi cuerpo me gustaba mi piel, mis pechos y mis labios, pero el resto tenía que desaparecer. A los veinte, soñaba con cortar a rodajas mis muslos y brazos como cuando trinchas un pavo, convencida de que si podía cortar lo que estaba mal, sólo quedaría lo bueno: las partes bonitas, las delgadas.

Creía que tenía una meta, un lugar adonde ir y que cuando llegara viviría feliz por siempre jamás. Y como creía que la forma de llegar allí era juzgándome, avergonzándome y odiándome, también creía en las dietas.

Las dietas se basan en el temor no declarado de que estás loca, que eres una terrorista de la comida, una lunática. De que al final acabas destruyendo todo lo que amas y que has de hacer algo para detenerte. La dieta no encierra sólo la promesa de tener otro cuerpo, sino la de que, teniendo otro cuerpo, tendrás otra vida. Si te odias lo suficiente, te amarás. Si te torturas lo suficiente, encontrarás la paz y te relajarás.

Aunque el mero concepto de que el odio conduce al amor y que la tortura conduce a la relajación sea de locos, nos sugestionamos para creer que el fin justifica los medios. Nos tratamos a nosotras mismas y al resto del mundo como si la privación, el castigo y la vergüenza condujeran al cambio. Tratamos a nuestro cuerpo como si fuera el enemigo y la única solución fuera aniquilarlo. Tenemos la creencia profundamente arraigada de que el odio y la tortura funcionan. Y aunque nunca he conocido a nadie —ni a una sola persona— a quien luchar contra su cuerpo le haya conducido a un cambio duradero, seguimos creyendo que con un poco más de autodesprecio conseguiremos ese cambio.

Una vez, un presentador me preguntó en un programa cómo podían las personas cambiar su relación con la comida. Cuando le respondí que la comprensión era el primer paso, me dijo: «¿Ya está? ¿Eso es todo? ¿Se supone que hemos de creer que los cambios se producen porque nos *entendemos* a nosotros mismos?»

Sí, ése es el primer paso. Porque hasta que no entiendes con quién te has identificado, el verdadero cambio no es posible. Aunque tengas la suerte de conseguir todas las cosas que crees que quieres, la persona que las recibe —tu sentido del yo— se seguirá sintiendo pobre, desgraciada y gorda.

Puedes recibir dinero, amor o tener unos muslos delgados y seguir sintiéndote separada de todo lo bueno de estar viva. A pesar de las circunstancias del presente, tus creencias más profundas siempre volverán —al cien por cien— a reconfigurar tus patrones habituales respecto a ser tú misma. Te será imposible mantener tu peso natural. Tener lo que deseas no te parecerá real. Cuando alguien te ame de verdad, lo rechazarás porque te parecerá poco atractivo, superficial o tonto. Te sentirás como una impostora viviendo la vida de otra. Y volverás a identificarte con el desamor y a vivir de acuerdo con él en las formas que te resulten más familiares.

Hasta que no entiendes que te has orientado hacia el perjuicio y la fatalidad, hacia el compromiso con la adicción a la comida y todos los problemas que ello conlleva, hasta que no te das cuenta de que estás insistiendo en ello, aunque sea inconscientemente, ningún cambio será permanente porque estarás actuando en contra de tus tendencias naturales. Estarás invalidando tus más profundas creencias respecto a estar viva.

La forma de tu cuerpo obedece a la forma de tus creencias sobre el amor, la valía y la posibilidad. Para que cambie tu cuerpo, primero has de entender aquello que le está dando su forma. En vez de luchar contra él. En vez de forzarlo. En vez de privarle de cosas. En vez de avergonzarte de él. En vez de hacer cualquier otra cosa que no sea aceptarlo y —sí, Virginia— comprenderlo. Porque si te fuerzas, te privas de cosas y te avergüenzas para estar delgada, acabarás siendo una persona con carencias, avergonzada y con miedo, que estará delgada sólo durante diez minutos. Cuando te maltratas (burlándote de ti o amenazándote), te conviertes en un ser humano herido, peses lo que peses. Cuando te maldices, cuando enfrentas una parte de ti contra otra —tu voluntad de hierro contra tu hambre infinita—, terminas dividida, enloquecida y con miedo de que esa parte de ti que habías precintado tome las riendas cuando menos te lo esperes y arruine tu vida. Adelgazar con cualquier programa en el que te digas que si te abandonas a tus impulsos devorarás el universo es como construir un rascacielos en la arena: sin unos buenos cimientos, la estructura nueva se derrumbará.

Si queremos que el cambio sea duradero, primero se ha de producir en planos invisibles. Con comprensión, indagación y una mentalidad abierta. Consciente de que comes como lo haces por razones de supervivencia.

En mis retiros les digo a las participantes que siempre hay muy buenas razones para recurrir a la comida. Salvo que asuman que están perfectamente cuerdas y que lo que hacen tiene sentido —y su trabajo es descubrir sus patrones tácitos, invisibles y desconocidos, en vez de forzarse en la dirección que su mente ha decidido que ha de ir—, estarán en guerra con ellas mismas, sea cual sea su peso. El problema es nuestra creencia en la guerra, no el peso, porque cuando la creencia desaparece, el peso también.

Nuestro trabajo no consiste en cambiar lo que hacemos, sino en ser lo bastante conscientes, tener la suficiente curiosidad y ternura para que salgan a la luz las mentiras y las viejas decisiones sobre las que se basa la adicción y desaparezcan. Cuando ya no creas que comer te salvará la vida, cuando estés agotada, abrumada o te sientas sola, dejarás de hacerlo. Cuando confías en ti más que en la comida, dejas de usarla como si fuera tu única oportunidad para no desintegrarte. Cuando la forma de tu cuerpo ya no se ajusta a tus creencias, el peso desaparece. Sí, es así de simple.

Dejarás de recurrir a la comida cuando sea tu cuerpo el que entienda, no tu mente, que hay algo mejor que comer. Y esta vez cuando adelgaces, no volverás a engordar.

La verdad, no la fuerza, es lo que acaba con la compulsión.

Ser consciente, no la privación, es lo que te dicta lo que comes.

La presencia, no la vergüenza, cambia cómo te ves a ti misma y en qué confías.

Cuando dejas de luchar, de sufrir, de esforzarte y de engañarte respecto a la comida y tu cuerpo, cuando dejas de manipular y controlar, cuando te relajas y escuchas la verdad de fondo, te invade algo más grande que tu miedo. Con la experiencia repetida de abrir tu mente y de tranquilidad, aprendes a confiar en algo mucho más poderoso que un conjunto de reglas que ha diseñado otro: aprendes a confiar en tu propio ser.

El poeta Galway Kinnell escribió que «a veces es necesario volver a enseñar a una cosa su encanto».

Yo les digo a mis alumnas que todo lo que hacemos es para volver a aprender nuestro propio encanto.

Cuando dejé de hacer dieta y se normalizó mi peso, en ese incesante camino hacia el éxito, volvieron a surgir algunas de las creencias que alimentaban mi relación con la comida, y con ellas, la imposibilidad de descansar o sentir satisfacción en lo que hacía, tenía o quería.

Daba igual lo que pensara, hiciera o escribiera, eran los pensamientos o los libros incorrectos. Si era desgraciada, si deseaba tener algo, si otra persona lo tenía (*lo* que quiera que fuese) y yo no, sabía quién era yo.

Cuando otros veían luz, yo veía oscuridad. Cuando veían amor, yo veía aburrimiento. Cuando veían paz, yo me asfixiaba. El contento me ponía nerviosa. La felicidad me provocaba una ansiedad indescriptible. Pero soltar toda mi infelicidad era como abandonar el mundo que conocía. Sentía que estaba traicionando a la niña que se había hecho adulta en la desesperación, en la gordura y en la soledad.

Cuando mi matrimonio secreto con la infelicidad empezó a salir a la luz a través de las prácticas que describo en el libro, ya estaba casada con Matt y tenía más éxito económico y social que el 95 por ciento de las personas. Mirándome nunca hubieras adivinado lo que se escondía debajo de la fachada. Pero a veces miraba a mi marido y me preguntaba: «¿Quién eres? Odio esos pantalones, la forma en que masticas los cereales. ¿Y por qué me casé contigo?» Luego miraba a mis amistades, a mi comunidad, mi vida, y sentía que no era yo.

Cuando sin darte cuenta crees que en el fondo hay algo en ti que está mal, también crees que has de ocultar a todos ese desperfecto para que te amen. Vas por ahí avergonzada de ser como eres. Haces todo lo posible para compensar tu aspecto, tu forma de caminar, tus sentimientos. Tomar decisiones es horroroso, porque si tú, la persona que ha de tomarlas, está mal, ¿cómo puedes confiar en lo que decidas? Dudas de tus propios impulsos, de modo que te conviertes en una maestra en buscar el consuelo fuera. Te conviertes en una experta en encontrar expertos y programas, en esforzarte y en intentar cambiar cada vez con más fuerza, pero este proceso no hace más que reafirmar lo que piensas de ti: que no puedes confiar en tus elecciones ni necesidades, y que si recurres a tus propios medios te descontrolarás.

Las dietas son la proyección externa de tu creencia de que por ser como eres has de expiar tu derecho a la existencia. No son el origen de esta creencia, sólo una expresión de la misma. Hasta que no entiendas y te cuestiones esta creencia, ninguna pérdida de peso alcanzará esa parte de ti que está convencida de que está mal. Pasarte toda la vida sufriendo por la comida encaja perfectamente con el concepto que has creado respecto a estar viva. Hará que te parezca lógico que el odio conduzca al amor y que la tortura conduzca a la paz porque estarás actuando con la convicción de que has de pasar hambre, privaciones o castigarte para erradicar la maldad que hay en ti. No perderás los kilos de más porque estar en tu peso natural no encaja con tus convicciones sobre el desarrollo de la vida. Pero una vez que te cuestionas esa creencia y sus subsiguientes decisiones, las dietas y el sentirte mal en tu cuerpo pierden su poder de atracción. Sólo la amabilidad tiene sentido. Todo lo demás es insoportable.

No eres una equivocación. No eres un problema que se ha de resolver. Pero no descubrirás esto hasta que no estés dispuesta a dejar de golpearte la cabeza contra el muro de la vergüenza, de encerrarte en ti misma y de temerte. El poeta sufí Rumí escribió sobre los pájaros cuando aprenden a volar: «¿Cómo aprenden a volar? Se caen, y cayendo, empiezan a mover las alas».

Si esperas a tener los ojos de Toni Olivier y el pelo de Amy Breyer, si esperas a respetarte cuando peses lo que te imaginas que has de pesar para respetarte, nunca te respetarás, porque el mensaje que te estarás dando cuando consigas tu meta es que hay algo que no funciona en ti y que no puedes confiar en tus impulsos, anhelos, sueños, ni esencia, peses lo que peses.

En uno de mis últimos retiros una alumna escribió:

Los cambios en mi cuerpo (he perdido once kilos y esto es lo de menos) ni siquiera empiezan a reflejar los cambios que se han producido en mi vida. Es un viaje constante al recuerdo [...], a sentirme viva en vez de andar como una zombi [...], a vivir realmente los momentos, momentos maravillosos y gloriosos de verdadera dicha (y no suelo usar esa palabra con frecuencia) [...], a sentir el impulso del orgullo, de la fuerza y de la esperanza que surgen cuando me permito sentir mis sentimientos, en lugar de ir con el piloto automático y lanzarme sobre la comida [...], a ser capaz de tratarme con amabilidad, bondad y compasión en lugar de sentirme como si estuviera en un poste de tortura [...], y el mayor tesoro para mí... es ser capaz de quererme. Y a partir de ese amor por mí, ser capaz de amar a mis hijos, a mi pareja, a las personas que pasan por la calle. Hace muchos años que sé lo importante que es quererse a una misma, sin embargo, sólo podía entenderlo intelectualmente, nunca lo había sentido con el corazón.

O estás dispuesta a creer en la bondad o no lo estás. O estás dispuesta a creer en tu cordura esencial o no lo estás. Para que te den alas, has de estar dispuesta a creer que has venido a la Tierra para algo más que para realizar innumerables esfuerzos para perder los mismos quince kilos, trescientas veces, durante ochenta años. Y que la bondad y el encanto son reales, incluso en algo tan corriente como llevarse el desayuno a la boca. Empieza ahora.

Cuando das los primeros pasos, cuando empiezas a tratarte con la bondad que crees que sólo las personas delgadas o perfectas se merecen, inevitablemente descubrirás que, a pesar de todo, el amor no te había abandonado.

PARTE II
PRÁCTICAS

7

Tigres en la mente

No importa cuánto hayas desarrollado cualquier otra área de tu vida, ni lo que digas que crees, ni lo sofisticada o iluminada que pienses que eres, tu forma de comer lo dice todo.

¡Vaya rollo!

Míralo de este modo: el deseo de comer cuando no tienes hambre revela lo que realmente crees sobre la vida aquí en la Tierra: tu panoplia de creencias respecto a sentir, sufrir, recibir, alimentar, la abundancia, el descanso, tener suficiente. Una vez que sabes en qué crees, puedes empezar a cuestionarte si es cierto.

En el momento en que recurres a las patatas fritas para evitar lo que sientes, estás diciendo rotundamente: «No tengo más remedio que anestesiarme. Hay cosas que no puedo sentir, comprender o superar». Estás diciendo: «Ya que no hay posibilidad de cambio, mejor como», «Lo bueno existe para todos menos para mí, así que mejor como», o: «La comida es el único placer verdadero de la vida, por eso como».

Cuando empiezas a cuestionarte tus creencias más arraigadas, no intentas arreglarlas, cambiarlas o mejorarlas. Respiras y vuelves a hacerlo. Notas las sensaciones de tu cuerpo, si hay algún cosquilleo, pulsación, calidez o frío. Observas lo que sientes, y aunque siempre hayas llamado «tristeza» a ese sentimiento, sientes curiosidad por ella como si no tuviera ninguna palabra asociada a la misma, nada que la etiquetara, como si fuera la primera vez que la sientes. ¿Es como si tuvieras un amasijo de cenizas carbonizadas en el pecho? ¿Como si tuvieras un agujero en el pecho? Cuando lo observas, ¿se abre o cambia?

Este tipo de preguntas sirven de puente entre esa que crees que eres y la que verdaderamente eres. Entre lo que te dices basándote en historias de tu pasado y lo que sientes basándote en tu experiencia directa ahora. Te permite distinguir entre los patrones familiares antiguos y la verdad actual y viva.

He hecho terapia y he practicado distintos tipos de meditación durante años. Sabía hurgar en las heridas de mi infancia y cómo trascenderlas, sabía manejar el sufrimiento de ser maltratada y conectar con esa parte de mí que nunca había sufrido malos tratos. Pero cuando terminaba de meditar y de elevarme resplandeciente, chocaba con el día a día de mi personalidad como si fuéramos dos seres totalmente distintos. Aunque el suma y sigue fuera uno de los beneficios que prometía la meditación, yo fracasaba estrepitosamente. Discutía con alguien y mis treinta minutos de serenidad al día eran sustituidos al instante por mis arraigadas creencias habituales: no confíes en nadie; el amor hace daño; si no lo tomo todo ahora, no me quedará nada.

La meditación me enseñaba a trascender mi vida, pero yo quería aprender a vivirla. Y como dijo William James, quería vivirla a lo grande y ya. «Sin excepciones.»

Luego, como alumna del Diamond Approach —un proceso filosófico/científico/psicológico/espiritual que ha estado circulando durante miles de años en sus diversas formas—, aprendí una versión de la indagación. La versión que me enseñaron se basa en el cuerpo y siempre empieza en el presente, con mi experiencia directa. Mi maestra, Jeanne Hay, dijo: «Te esfuerzas demasiado, trabajas demasiado, llevas demasiado tiempo haciendo terapia. En vez de intentar cambiarlo todo, empieza a observar qué es lo que ya existe. Presta atención a lo que ya sientes. Tristeza. Aburrimiento. Felicidad. Hambre. A cómo te sientes: desgraciada, extática». Me dijo que si sentía curiosidad por los grandes pedazos de objetos voladores (mis viejas creencias) que robaban mi atención éstos cambiarían, se abrirían y disolverían.

Al principio no la creí. Este tipo de indagación exige que vivas plenamente un sentimiento, y pensé, igual que hacen ahora mis alumnas, que me ahogaría en mi tristeza, que la ira me consumiría. Pensé que mantener mis sentimientos a distancia era lo que me permitía seguir adelante y que si practicaba esa indagación sería incapaz de afrontarlo.

Pero resulta que estar con los sentimientos no es lo mismo que ahogarse en ellos. Al tomar consciencia (la capacidad para saber lo que estás sintiendo) y estar presente (la capacidad de vivir un sentimiento a la vez que sientes lo que lo trasciende), puedes estar con aquello que crees que te destruiría sin que te destruya. Puedes soportar las grandes náuseas que te provocan los sentimientos de pesar y terror y las pequeñas olas de sentimientos como el mal humor o la tristeza.

El sendero desde la obsesión hasta los sentimientos y el estar presente no tiene nada que ver con nuestra «niña herida» o con sentir cada ápice de rabia o de pena que nunca habíamos sentido para poder tener éxito, estar delgadas y ser felices. No estamos intentando recomponernos. Estamos desintegrando al personaje con el que nos hemos identificado. Nos permitimos sentir nuestros sentimientos no para culpar a nuestros padres por no llamarnos «cariño», ni para golpear los cojines y soltar nuestra rabia hacia todos aquellos a los que nunca nos hemos enfrentado, sino porque los sentimientos que no conocemos tienen el poder de interferir en nuestra capacidad para autoconocernos. Siempre y cuando nos identifiquemos con la niña que fue herida por un padre o una madre inconscientes, nunca creceremos. Jamás sabremos quiénes somos realmente. Seguiremos esperando al padre o la madre que no tuvimos y nos olvidaremos de que la que está mirando ya no es una niña.

Catherine Ingram cuenta una historia en su libro *Presencia apasionada* sobre una joven amiga suya que le dijo:

—Imagina que estás rodeada de mil tigres hambrientos, ¿qué harías?

—Vaya, no sé qué haría. ¿Qué harías tú? —preguntó Catherine.

—¡Dejar de imaginar! —respondió su amiga.

La mayoría estamos tan fascinadas con los temibles tigres de nuestras mentes —nuestras historias de soledad, rechazo, sufrimiento— que no nos damos cuenta de que pertenecen al pasado. Ya no pueden hacernos daño. Cuando nos damos cuenta de que las historias que nos acechan son simplemente eso —historias—, podemos estar directamente con lo que sentimos ahora en nuestros cuerpos. Ya sea en forma de cosquilleo, pulsación, presión, peso, pesadez o de una gran bola de hormigón en el pecho. Y al estar en contacto directo con lo que sentimos, reconocemos el vínculo entre los sentimientos y lo que está más allá de ellos. Nos damos cuenta de que somos mucho más que un sentimiento en particular, por ejemplo, y que, cuando indagamos en la tristeza, ésta puede convertirse en una exuberante pradera de paz. O que, cuando nos permitimos sentir todo el furor de la ira sin expresarla, se nos revela una montaña de fortaleza y coraje.

Nuestro gato *Mookie* nos lo dio un amigo que nos juró que su dulce y dócil naturaleza hacía que fuera un animal poco apto para andar mucho por la calle. Pero a las tres semanas de convivencia con el gatito, descubrimos que el principal propósito de la vida para *Mookie* era agredir y matar. Atacaba a nuestra perra *Celeste* diariamente —se le lanzaba a las patas traseras y la mordía atravesándole la piel—, aunque fuera diez veces más grande que él. Disfrutaba llevando las lagartijas colgando de la boca, comía jilgueros, empezaba por la cabeza y no dejaba ni un hueso, ni ojo, ni pluma. *Mookie* era un tiranosaurio en forma de gato. Fanfarroneaba, destruía y rugía. También se meaba por todas partes. En nuestra cama, en la de *Celeste*, en las sillas, alfombras, sofás. Al principio pensaba que estaba enfermo, que tenía alguna infección de vejiga o de riñón. Pero el veterinario nos dijo que sus riñones estaban perfectos y su vejiga aún mejor. Era un problema de conducta.

—Este gato busca venganza —nos dijo.

—¿Por qué? —le pregunté—. ¿Por abrazarlo, cogerlo en brazos y darle de comer espárragos cuando medio mundo se muere de hambre?

Durante tres años alterné entre odiar a *Mookie* cuando se meaba y adorarle cuando no lo hacía. Y como me dijo mi amiga Annie, nos hacía la vida imposible siendo insoportablemente bello. Nos miraba de un modo con esos ojitos azul celeste que me derretía al verlo. Doblaba una esquina, se situaba detrás de un parterre de pensamientos violeta y su perfección —su cola de peluche, sus orejitas grises, sus largos bigotes— me dejaban fuera de combate. Siempre me ha costado tener que elegir entre la función y la forma. Cuando tenía veintiocho años ganaba trescientos cincuenta dólares al mes, con los que tenía que pagar el alquiler, comprar comida, gasolina, libros e ir al cine. Pero cuando vi la casita situada en el acantilado con vistas al mar que costaba trescientos veinticinco dólares de alquiler al mes, pensé que prefería pasar hambre a vivir en cualquier otro sitio. De modo que *Mookie* hacía conmigo lo que quería por su belleza.

—Pero ése es el problema —me dijo otra amiga—. Él cree que le quieres porque es bello, pero quiere que le amen por lo que es, no por su aspecto. Mearse por todas partes es una forma de poner a prueba tu amor.

—Por favor —le dije.

Matt y yo lo habíamos probado todo para que dejara de hacerlo. Teníamos aerosoles con detectores de movimiento, y cada vez que se acercaba a uno de sus sitios favoritos, el recipiente lanzaba un chorro de aire y le daba un susto de muerte. Pero aprendió a mearse en el espacio que había entre los aerosoles. Compramos un producto que se llamaba Anti-Icky Poo, para eliminar el olor de los meados de las sillas, sofás y camas. Enchufamos unos aparatos con aroma Feliway, que se suponía que impregnaban la casa con una hormona de la felicidad que haría que *Mookie* se sintiera tan bien que no deseara mearse. También le gritamos, hablamos y consultamos a tres veterinarios.

Seguía haciendo lo mismo. Me ponía furiosa, le echaba de casa durante una hora o dos, le amenazaba con darlo y luego volvía a enamorarme de él. Sentía que era una ingenua, que ese gato hacía conmigo lo que quería, y cada vez que se meaba en la silla tomaba la resolución de que sería la última y que lo echaría de casa. Un día entró en mi nuevo despacho, saltó al sofá y empezó a mearse. Grité, le atrapé a media faena y lo lancé por la puerta. «Bastardo. Ingrato. Monstruo horrible de ojos azules», pensé. Se acabó. Te largas. Al cabo de una hora regresó mirándome fijamente con sus ojos azules, pero esta vez no cedí. Mi corazón no se ablandaba. Ya no era una ingenua de la belleza.

A la hora de cenar, no se presentó en la puerta trasera, ni siquiera cuando hicimos ruido por el jardín con la bolsa de la comida. Además de matar, uno de sus mayores placeres era comer. Todos mis animales domésticos son adictos a la comida y *Mookie* no era una excepción. Era capaz de pegarle un bocado a una calabaza. Sacaba las barras de pan del coche, rompía la bolsa de papel marrón y devoraba el pan de tal modo que no quedaban ni las migas. Comía aguacates, cerezas, nabos. Nunca se había perdido una de sus comidas para gatos. Ni una sola vez.

No volvió a casa. Recorrimos la calle arriba y abajo andando, moviendo cosas, llamándole, mirando. No estaba por ninguna parte. Estaba segura de que se había enfadado tanto conmigo que no quería volver jamás. O que mi ira había provocado la suya y que estaba tan furioso que se había ido en busca de un hogar mejor y nuevos lugares donde mear.

Al amanecer volví a salir en su busca, y cuando pasé por delante de un pequeño arbusto que había en la puerta trasera, le vi estirado, como si estuviera a punto de abalanzarse sobre una lagartija.

—¿*Mookie?* —Pero no se movió. Con el corazón a mil, me fui a buscar a Matt—. Ven, ven, he encontrado a *Mookie*, pero le pasa algo.

Matt le tocó.

—Está frío —dijo—. Ha muerto.

Los dos nos pusimos a llorar. Nos abrazamos. Lloramos durante mucho tiempo.

—Le he matado. Mi ira le ha matado —dije yo.

—Eso es absurdo. Nunca se había perdido una comida por mucho que te hubieras enfadado con él.

—Pero se ha quedado ahí hasta morir congelado —respondí.

Nunca había pasado una noche fuera.

—Pero estamos en verano —dijo Matt—. No hiela, ¿cómo va a haber muerto por congelación?

—Puede ser, todo es posible —dije balbuceando.

Lo llevamos al veterinario para que le hiciera la autopsia. Necesitaba saber de qué había muerto. Antes de que nos dieran los resultados, estaba destrozada porque me sentía culpable. Le grité y no regresó. Si le hubiera dejado entrar en casa, no habría muerto. Me sentía cruel. Tenía demasiada ira. No me extrañaba que *Mookie* matara todo lo que se le ponía por delante. Se lo había transmitido yo. Recuerdo que otro veterinario me dijo que los animales domésticos absorbían las enfermedades de sus dueños para que éstos pudieran estar sanos. Mataba colibríes de motas verdes para que yo no matara otras cosas, como al incompetente de mi contratista de obras. Sabía que mi ira algún día podría destruir algo y lo hizo. Y tuvo una muerte terrible. Terrible. Terrible. Yo era una persona terrible.

Al día siguiente el veterinario nos llamó para decirnos que *Mookie* había sufrido un paro cardiaco.

—Según parece padecía una insuficiencia cardiaca congénita. No murió por congelación. Ni se le rompió el corazón en el sentido que tú piensas. Se le bloqueó la aorta. Tenía los días contados desde que nació. Contémplalo de este modo. —A lo cual Rob añadió—: Comía todo lo que no pudiera devorarle a él y se vengaba de todo bicho viviente que encontraba a su paso. Para *Mookie*, eso era una buena vida.

Pero Matt y yo estábamos traumatizados. El tema de la muerte de nuevo. ¿Cómo podía *Mookie* estar aquí un día y ya no estar a la mañana siguiente? ¿Adónde fue? ¿Cómo es que no movía su esponjosa cola o le mordía las patas a *Celeste* cuando ésta corría por el jardín, lo cual ahora hacía con bastante tranquilidad, puesto que *Mookie* ya no se escondía detrás del helecho-nido de ave a la espera de atacarla. «La diferencia entre que alguien, quienquiera que sea, esté vivo físicamente y muera es mayor que la diferencia entre cualquier otro opuesto», me dijo mi amiga Katherine. Ha muerto. Se ha ido. No podía entenderlo. No debía haber sucedido. Sólo tenía tres años. Quería quejarme, devolvérselo al amigo que nos lo dio. Tener otro que no estuviera echado a perder.

Al tercer día, cuando seguía batiendo las claras del autodesprecio para convertirlas en merengue, recordé la indagación. Bueno, casi. Fui a ver a mi maestra Jeanne y fue *ella* quien me la recordó. Mientras le hablaba sobre lo horrible y terrible que era yo, me cortó a mitad de mi historia para ir directa al grano.

—¿Que le está pasando a tu cuerpo? —me preguntó.

El primer paso en la indagación es sacarte de dondequiera que estés para que regreses a tu cuerpo. Allí se encuentra toda la información que necesitas.

—¿Mi cuerpo? ¿Ahora? —le pregunté como si las neuronas de mi cerebro no tuvieran una vía para descifrar esa combinación de vocales y consonantes.

—Sí. ¿Qué le pasa a tu pecho? ¿A tu plexo solar? ¿Qué es lo que hay allí?

A pesar del rechazo habitual, el «presente» siempre es mejor que contar la historia. Siempre. Porque no hay modo de apegarse a él, de seguir adelante partiendo del mismo o de afrontar los incesantes cambios de una historia.

En cuanto trasladé mi atención de mi vida de novela de Barbara Cartland a lo que podía sentir en ese instante, curiosamente noté que mi cuerpo estaba muy relajado y tranquilo. Era como si estuviera formado por el aire fresco de la primavera. Sin cielos nublados. Sin contaminación. Cuando Jeanne me preguntó cómo me afectaba la claridad, me di cuenta de algo que hubiera preferido ignorar: que todo estaba bien. *Mookie* había muerto y no pasaba nada malo. Mi historia con la muerte, los defectos de mi personalidad y mis tendencias criminales chocaron con la intensidad de lo que realmente sentí.

Al interesarme más por el espacio vacío, un sentimiento de benevolencia empezó a saturar mi cuerpo, la habitación y la casa. Comprendí que *Mookie* había vivido lo que le correspondía vivir. Que su muerte nada tenía que ver con lo que yo valía. No fue una comprensión mental, sino un conocimiento sensato, una certeza que invadió mi cuerpo. La luminosidad se transmutó en una densa, oscura y casi palpable pero no pegajosa sustancia cuyo efecto sobre mí fue la calma y la paz. Cuanto más sentía la calma, más ilimitada e inmensa me sentía. De vez en cuando se manifestaban flashes de tristeza en esa oscuridad. Iba a añorar la cara de *Mookie*, sentir su presencia. Pero eso era distinto a quedarme destrozada. A creer que lo que había sucedido no debería haber pasado o que era culpa mía.

Pasé de despreciarme a mí misma a suprimir al yo. Del infierno a la paz en veinte minutos. A una experiencia totalmente opuesta.

Sé que parece increíble. Imposible.

¿Cómo se puede pasar de culpabilizarse a la paz a la velocidad de la luz?

La base de la existencia es la claridad. Su esencia es paz, que es exactamente la razón por la que funciona la indagación. Cuando te crees tu propia versión de los acontecimientos, es como si te sentaras delante de las cataratas del Niágara con unas anteojeras para caballos y tapones en los oídos y creyeras que estás mirando una pared. Sólo porque no puedas ver el incesante espectáculo, sentir el dinamismo y oír el sonido del agua, no significa que no esté allí.

Lo que todavía resulta más increíble que culpabilizarnos es pasar la mayor parte de nuestra vida con anteojeras y tapones en los oídos y considerarlo vida. Vivimos una vida de desesperación, monotonía, estancamiento y de estar medio muertas que nosotras mismas hemos creado, como si fuera lo único que pudiéramos esperar, y desconfiamos de aquel que nos dice que abramos los ojos y contemplemos las cataratas.

Hay otro camino —ver lo que hay realmente debajo de nuestras interpretaciones de lo que sucede—, pero requiere plantearse aquello que la mayoría nunca, ni una sola vez, nos hemos atrevido a cuestionarnos: las múltiples suposiciones que damos por hechas.

Este cuestionamiento es el proceso y el propósito de la indagación.

Cuando estoy dispuesta a cuestionarme, y por lo tanto a sentir cualquier cosa que pueda haber —terror, odio, ira— con curiosidad, el sentimiento se relaja, porque se encuentra con la cordialidad y la apertura en lugar de con el rechazo y la resistencia. En la medida en que mis sentimientos me resultan familiares, que ya los he sentido en situaciones similares —sentirme excluida, rechazada, abandonada— la voluntad de permitirlos me proporciona un escenario totalmente distinto al de las situaciones que los generaron en un principio.

Los sentimientos negativos recurrentes —los que se reproducen en los mismos ciclos sin que se produzca cambio alguno— son bloqueos de nuestro pasado que hemos ignorado y que con el tiempo se han quedado congelados por la misma razón que en su día no fueron acogidos con cordialidad y aceptación.

¿Imaginas lo distinta que habría sido tu vida si cada vez que te sentías triste o enfadada un adulto te hubiera dicho: «Ven aquí, cariño, cuéntamelo»? Si cuando estabas tremendamente afligida por el rechazo de tu mejor amiga, alguien te hubiera dicho: «Cuéntame más, cariño. Dime dónde notas esos sentimientos. Cómo notas tu estómago, tu pecho. Quiero saber todos los detalles. Estoy aquí para escucharte, abrazarte, estar contigo».

Lo que desea todo sentimiento es ser bien recibido. Quiere tener sitio para expresarse. Quiere relajarse y contar su historia. Quiere disolverse como mil serpientes coleteando se convierten en inofensivos trozos de cuerda cuando reciben un poco de cariño.

En mis retiros siempre digo a las asistentes que han de aprender dos cosas: a comer lo que quieran cuando tienen hambre y a sentir sus sentimientos cuando no la tienen. La indagación —la parte de sentir-lo-que-sientes— te permite relacionarte con tus sentimientos, en lugar de alejarte de ellos.

Una alumna que se llamaba Annie me dijo: «Mi hija menor acaba de marcharse de casa para estudiar en la universidad. Mi vida giraba en torno a ella y mi identidad era ser madre. No puedo soportar la casa vacía. La echo de menos. Como para compensar ese vacío. Me siento muy sola».

Le pregunté a Annie si podía notar la diferencia entre el sentimiento físico y lo que pensaba que debía sentir. Me miró como si la estuviera deslumbrando con los faros del coche, como lo hacía la mayoría de las participantes. Ésta es la parte —sentir lo que intentan evitar sentir con la comida— a la que más se resiste la gente: se resiste a su peso, luego a sus sentimientos, pero principalmente a la idea de que la clave es abandonar la resistencia. De que la medicina para el dolor es el dolor.

Pone los ojos en blanco. Estoy segura de que piensa que la marcha de su hija ya la ha destruido y ahora le estoy pidiendo que sienta esa destrucción.

—Ni hablar —me dice—. Me desmoronaré si lo hago.

—Ésa es la cuestión y entiendo por qué te pasa. Pero dime si notas esa soledad en tu cuerpo. Dime si tiene algún color, alguna forma. Dime si notas algún cosquilleo, vibración o pulsación cuando estás sola.

Cierra los ojos y vuelve a hablar.

—Es negro. Es tan denso que parece que va a devorar todo lo que encuentre a su paso. Lo hará desaparecer todo.

Le pregunto cómo le afecta esa oscuridad cuando se permite sentirla.

—Negrura —le digo—, simplemente negrura intensa, sin tu reacción a la misma, sin historias ni ideas al respecto.

—Bueno, cuando siento la negrura en sí misma, es como si fuera espacio. La siento silenciosa, profunda y pacífica como si estuviera flotando en el espacio sin ningún obstáculo. Sin gravedad. Libre.

Luego empieza a llorar.

—No quiero estar ahí fuera sola —me dice—. No quiero estar flotando yo sola.

Le pregunto por qué le resulta tan terrible estar en el silencio, la paz y la oscuridad.

—Mi madre me dejaba sola con mi tío. Una y otra vez. Era sucio, falso y olía a alcohol. Una vez me tocó el pecho, pero le mordí el dedo. Cuando le conté a mi madre lo que había hecho, dijo que me lo estaba inventando, que su hermano nunca haría una cosa así. No soportaba quedarme a solas con él. Ella no me creía. Me sentía como si estuviera sola en el universo. Los adultos estaban locos. Herían a las personas y mentían. Sólo estaba yo.

Ésta es la parte difícil para todas, para mí también. Darnos cuenta de que aquello a lo que asociamos nuestros sentimientos está en el pasado. Darnos cuenta de que evitamos los sentimientos por las historias que nos contamos al respecto. La pena duele, la tristeza duele, pero no son los sentimientos los que nos destruyen, sino lo que nos contamos respecto a ellos. Es nuestra percepción del sentimiento presente a través de los ojos históricos, a través de los ojos de una niña.

Puesto que conozco bien a Annie, también sé que ha hecho terapia durante muchos años por su trauma de los abusos. Sus sentimientos al respecto ya no son nuevos ni recientes, pero comprender la relación entre la soledad y el abuso sí lo es. Para poder gobernar su vida, hacer uso de su propio poder, de su presencia, ha de ser capaz de ver el vínculo que ha creado entre el sentimiento de soledad del pasado y el del presente. Sólo entonces podrá ver lo que invierte en el presente temiendo lo que ya ha pasado.

En la indagación empiezas por lo que está sucediendo en el presente: desde tu deseo de comerte una pizza hasta tus ganas de meterte en la cama y no levantarte en los próximos cincuenta años. No asumes que sabes lo que has de hacer o dónde has de ir. Sientes curiosidad por los sentimientos y sensaciones. Escuchas a tu cuerpo. Dejas de mangonearte.

Toda indagación empieza deseando descubrir algo que no sabes. Si crees que ya sabes lo que está mal y cómo arreglarlo, no hace falta que indagues. Querer saber algo que no conoces despierta tu curiosidad; te ayuda a abrirte. Evoca esa parte de ti que no es un conglomerado de viejas creencias, ideas, imágenes sobre ti misma, historias, identificaciones. La base de tu existencia que es paz, claridad y compasión, en resumen; las cataratas del Niágara.

La indagación se basa en el cuerpo; no es un proceso mental. Sientes lo que es estar en tu piel, en tus brazos y tus piernas. Observas la sensación y el lugar donde la sientes. Sensación, localización, sensación, localización. Por ejemplo, si estás triste, te preguntas dónde se sitúa ese sentimiento en tu cuerpo. Notas como si tuvieras un montón de cenizas grises en tu pecho y surge la creencia de «el amor es para los demás, no para mí». Sientes curiosidad por tu creencia. ¿Qué edad tenías cuando la adoptaste? ¿Y cuáles eran en aquel entonces los sentimientos que pasaron desapercibidos, que sentiste o comprendiste?

A veces cuando les pregunto a mis alumnas qué es lo que sienten en sus cuerpos, no tienen ni la menor idea. Han pasado como un par de años luz desde la última vez que sintieron algo en sus cuerpos o respecto a los mismos, que no fueran críticas o desprecio. Por eso es bueno hacerse preguntas que te ayuden a enfocarte en las sensaciones. Puedes preguntarte si el sentimiento tiene forma, temperatura y color. Puedes preguntarte cómo te afecta sentir esto. Y puesto que ningún sentimiento es estático, sigues observando los cambios que se producen en tu cuerpo a medida que te haces estas preguntas.

Si te estancas, suele ser porque has tenido alguna reacción a un sentimiento en particular —no quieres sentirte así, preferirías ser feliz ahora, no te gustan las personas que se sienten de este modo— o porque te cierras en el programa de comparar-juzgar.

Sobre las reacciones: los sentimientos están en el cuerpo, las reacciones en la cabeza; una reacción es la deducción mental de un sentimiento. (Y las creencias son reacciones que hemos tenido muchas veces y que creemos que son ciertas.) En el intento de no sentir lo que nos resulta incómodo, la mente despotrica, divaga y nos dice lo terrible que es todo.

Puede que oigas algo parecido a esto: *Este sufrimiento no se acabará nunca. La tristeza podrá conmigo. Si me permito sentirla, no podré funcionar.* Cuando sabes que surge este tipo de reacciones, puedes observarlas y seguir indagando.

Sé concreta. «Siento como si tuviera un montón de cenizas grises en el pecho», en vez de «siento algo raro y pesado». No intentes dirigir el proceso con tus preferencias o con tu agenda. Deja que la indagación vaya en su propia dirección. Observa todo lo que surge, aunque te sorprenda. «Vaya, pensaba que estaba triste, ahora me doy cuenta de que me siento sola. Es como si tuviera una bola de gomas elásticas en el estómago.» Da la bienvenida a las gomas elásticas. Observa lo que sucede.

Sigue volviendo a las sensaciones directas en tu cuerpo. Presta atención a las cosas en las que no te habías fijado antes, a los secretos que te habías guardado para ti. No censures nada. No te desanimes. Hace falta un tiempo para confiar en la inmediatez de la indagación, puesto que estamos acostumbradas a dirigirlo todo desde nuestra mente. Es útil, aunque no imprescindible, hacer esta indagación con un guía o una pareja para que puedas tener un testigo y un recordatorio vivo para regresar a la sensación y la localización.

Principalmente, recuerda que la indagación no es para obtener respuestas a problemas complejos, sino una revelación directa y experiencial del proceso. Se nutre del amor. Y querer saber quién eres cuando no te gobierna tu pasado es como querer adentrarte en el secreto de la propia existencia; es un proceso que está lleno de sorpresas, giros inesperados, caminos alternativos. Emprendes esa aventura porque quieres penetrar en lo desconocido, comprender lo incomprensible. Porque cuando despiertas la curiosidad y la apertura mental con la ausencia de crítica, sintonizas con la belleza, el placer y el amor, por lo que éstos son. Te conviertes en la benevolencia de Dios en acción.

8

Casada con la admiración

La primera vez que alguien me habló de la meditación fue a principios de la década de 1970, un chico que se llamaba David, discípulo de un gurú con mucho dinero. David y sus compañeros de meditación vivían juntos en una casa en Nueva York donde practicaban el celibato y la meditación; lo primero, según el gurú era un prerrequisito imprescindible para lo segundo. David explicaba que la meditación era como si te dejaras elevar por corrientes de aire cálido. Como un halcón planeando en perezosos círculos.

«Tu mente se tranquiliza mucho y algo diferente (dulce, resplandeciente y sagrado) ocupa su lugar.»

Cuando ya estaba casi convencida para seguir las enseñanzas del gurú, David me pasó un brazo por el cuello y luego me acarició un pecho, de un modo muy espiritual, por supuesto. Le aparté la mano y le dije que se perdiera.

A los pocos meses me marché a la India, donde aprendí a meditar con un mantra, es decir, repitiendo una frase una y otra vez para aquietar la mente. Pero la frase «*So-ham*», que significa «Yo soy eso» en sánscrito (se refiere a eso eterno e incondicionado que trasciende el tiempo y el espacio), se parecía mucho a «*Ho-hum*» [aburrido, soso, en inglés], e independientemente del número de repeticiones que consiguiera hacer, siempre me quedaba dormida.

Desde entonces, he probado docenas de prácticas de meditación: meditación en la luz, meditar en visualizaciones, con mantras polisilábicos. La meditación budista tibetana, sufí, la no-meditación taoísta. Y aunque con ninguna conseguí lo que esperaba —convertir mi mente en un océano de paz—, te animo a que medites.

Ahora te voy a dar una breve explicación del porqué.

Anoche me fui a acostar bastante contenta. Matt acababa de regresar de un viaje de trabajo que había durado una semana, en mi jardín habían florecido dos peonías chinas y había tenido una jornada de escritura bastante productiva. La Tierra había sobrevivido otras veinticuatro horas más sin que se produjera una catástrofe nuclear. En fin, que la vida era bella.

Luego en medio de la noche, mi mente, que había estado tranquila las ochenta y seis veces anteriores que me había despertado, empezó a interpretar su música favorita. Más o menos la melodía era ésta:

Joe (nuestro contratista de obras que nos había cambiado el tejado y ahora tenía goteras) no me ha devuelto la llamada. Supongo que no tiene intención de hacerlo. Tendré que hablar con un abogado, pero probablemente el maldito abogado me va a costar lo mismo que hacer otro tejado nuevo. ¡Jodido contratista! Llamaré al abogado a primera hora. Me duele la garganta. ¿No será un signo de cáncer de esófago? ¿Me he dejado el ordenador encendido?

Quizá debería revisar cuáles son los signos de cáncer de esófago. Me estoy haciendo vieja. Pronto moriré, y como Matt se morirá antes, me quedaré sola. Los hombres siempre se mueren antes. ¿Por qué no hemos tenido hijos? Sé que eso que dice la gente de tener hijos para que alguien te cuide cuando seas mayor es una buena razón, pero ¿en qué estarán pensando cuando dicen eso? Quizá no sea demasiado tarde para adoptar. Podríamos ir a Rusia, quizás a la ciudad de nuestros abuelos. Eso si supiera cuál es y dónde está. ¿Latvia? ¿Litvia? ¿Minsk? ¿Existen esos nombres? Tendríamos que pasar meses allí. Al menos beberíamos vodka, pero para eso tendría que gustarme el vodka. Es tarde, tengo que volver a dormirme. Me levantaré para tomar un vaso de agua. Agua. California ha sufrido la peor sequía de los últimos 156 años. Pronto no tendremos agua. La Tierra será un desierto o estará inundada. Y nosotros sin duda alguna vivimos en la parte desértica. ¡Dios mío! Más me vale aprender a comer raíces, tocones de árboles y hojas a partir de mañana mismo. Porque ¿qué me pasará si se muere Matt, yo soy vieja, estoy sola y no he aprendido a comer tocones de árbol? A primera hora de la mañana voy a mirar en Google lo que he de hacer para adoptar un niño en Rusia, o quizá mejor llamo primero al abogado.

Éstos son los delirios de una persona paranoide, asustada y amargada. Alguien a quien no confiarías a tus hijos. Y ésa era una buena noche.

Tras décadas de practicar meditación, mi mente en su estado natural no se eleva como un halcón. Durante mis primeros diez años de práctica me sentí profundamente decepcionada por mi sorprendente falta de progreso. Pensaba que meditaba para limar mis asperezas, para transformar mi ira, para ser otra persona. Para ser como el personaje de Meryl Streep en *Visa al paraíso*, que entra en un edificio en llamas a salvar a niños y enfermos. Pero resulta que es inútil. La mente, como dice Catherine Ingram, está loca. Y eso es una buena noticia. Porque cuando aceptas la locura, cuando dejas de intentar reformar lo que no se puede reformar, puedes fijarte en lo que está cuerdo, que en mi opinión es uno de los principales propósitos de la meditación.

Anoche, por ejemplo, le encontraba defectos a mi universo inmediato, había una vocecita que entendía que mi mente estaba interpretando sus canciones favoritas y que no necesitaba escucharlas. Ya había oído antes esas melodías, generalmente son la cantinela de «me han hecho daño», «he hecho daño» o «se va a producir una catástrofe inminente». (El estribillo de «Morir sola» también es uno de sus favoritos, pero se encuentra dentro del popurrí de la «Catástrofe», en el apartado de «Catástrofe personal».)

Una mujer en uno de mis retiros preguntó: «¿Por qué querría alguien meditar? ¿Por qué me voy a sentar en silencio cuando hay tantas cosas que hacer, y son mucho más divertidas?» Otra dijo: «Mi mente es lo más interesante que tengo. Es lo que me diferencia de los demás. Me ayudó a ser abogada y graduarme con honores en Harvard. ¿Por qué he de prestarle atención a otra cosa que no sea esta mente inteligente?»

La respuesta es que la mente es útil cuando tiene que conceptuar, planificar, teorizar. Pero cuando profundizamos en ella para que guíe nuestra vida, nos perdemos. La mente es fabulosa para presentar mil variaciones diferentes del pasado e invocarlas en el futuro. Y luego asustarnos con la mayoría de ellas.

Generalmente, no cuestionamos lo que dice nuestra mente. Creemos en sus rarezas. Tenemos un pensamiento («mi contratista no va a volver a llamarme») que invoca su correspondiente emoción (ira, ansiedad, culpa) y de pronto estamos llamando a nuestro abogado, convencidas de que hemos contratado a un ladrón que en estos momentos va de camino a Costa Rica con nuestro dinero. Ese canalla.

Pasamos por delante del escaparate de una pastelería, vemos una magdalena y enseguida nos convencemos de que nos la hemos de comer ahora. Tenemos la certeza de que nacimos para estar aquí en este momento delante del aparador, a punto de entrar en la pastelería, comprar esa magdalena y comérnosla porque nos transportará al reino de la eterna felicidad. La meditación hace que desarrollemos la capacidad de cuestionarnos nuestra mente. Sin ella, estamos a merced de todos nuestros pensamientos, deseos y oleadas de emociones. Acabas desquiciada, dependiendo de si las cosas te han sido favorables o no ese día, de si alguien te ha rechazado. Si no hay nada que active la cantinela de «Me han hecho daño» o «Soy la gorda y despreciada de siempre, y siempre lo seré», puede que te la comas a gusto. Pero si pasas por delante de un espejo y no te gusta lo que ves, si te enfadas con una amiga, con tu pareja, tu jefe, tu hijo, no hay otro lugar al que recurrir que no sea la mente, lo que en general supone escuchar una de las típicas melodías y creerte la letra a pies juntillas.

Cuando dedicas tiempo a escuchar tu mente, observas esos popurrís tan familiares y observas al que los observa: el silencio que está alejado de ellos. Al cabo de un rato, te identificas más con el silencio que con los diez popurrís principales. Empiezas a apreciar esa parte que no está atrapada en la histeria. Valoras el silencio. Valoras la espaciosidad. Valoras la paz. La meditación te ayuda a descubrir que valoras cosas que no sabías que valorabas porque estabas tan atrapada en tu mente que no te dabas cuenta de que había algo más. El valor de la meditación es que te ayuda a descubrir lo que valoras.

Mary Oliver escribe en su poema «Cuando llegue la muerte»: «Cuando todo toque a su fin, quiero poder decir que toda mi vida/he estado casada con la admiración».

Yo también. Quiero una vida asombrosa. Quiero suscribir lo que Zorba el Griego llamó «la gran catástrofe». Y tras mi enlace de décadas con la obsesión y el sufrimiento que yo misma me he creado, he descubierto que estar casada con la admiración significa estar presente en el único lugar en el que se puede experimentar, que es: el aquí, el ahora, este preciso momento.

En general, cuando las personas oyen la palabra *meditar*, piensan en trascender este tosco mundo terrenal. El tipo de meditación al que me estoy refiriendo nada tiene que ver con trascenderte, abandonarte o cambiarte en modo alguno, pero sí con todo lo contrario: con estar presente donde estás ahora.

En mis retiros enseño una sencilla meditación que se basa en la respiración, apta para todo aquél que viva en la superficie de la Tierra. Utilizamos la concentración para ayudarnos a ser conscientes de la zona situada entre el pubis y el esternón: nuestro abdomen.

¡Oh, oh!

Esa simple palabra es capaz de hacer que algunas —no citaré nombres— salgamos corriendo de la sala. Odiamos esa zona de «allí bajo» y, paradójicamente, ésa es la razón por la que tantas veces nos desquiciamos. El abdomen está situado en el centro de nuestro cuerpo y, de hecho, es nuestro centro de gravedad. (Los místicos orientales creen que el abdomen es el centro de nuestro espíritu y que nuestra alma reside allí.) Sentirlo desde dentro —si es como una pulsación, cosquilleo o vibración, si notamos calor, frío o nada— innegablemente nos ayuda a ser conscientes de que estamos vivas. Notamos la presencia física de nuestra fuerza vital (sintiendo nuestro abdomen).

Cuando no eres consciente de tu abdomen, te conviertes en una sin techo. Te pasas la vida intentando borrar tu propia existencia. Disculpándote. Sintiendo que eres como un fantasma. Comiendo para sentir que ocupas un espacio, comer te proporciona el sentimiento de que pesas, de que estás aquí, se te permite ser tú misma, aunque no te lo acabas de creer porque no te sientes directamente.

La necesidad de practicar este tipo de meditación se vuelve evidente cuando enseño un ejercicio. Le doy a cada alumna metro y medio de cordel rojo, les digo que formen un círculo alrededor de sus cuerpos y que se sienten en el centro.

—Éste es vuestro sitio. Vuestro espacio. Haced el círculo todo lo grande o pequeño que queráis, pero en cuanto lo hayáis cerrado, imaginad que vuestra energía se proyecta desde vuestro centro hasta los confines del círculo.

Instrucciones fáciles, ejercicio básico. Al menos cinco personas empiezan a llorar en cuanto cierran el círculo.

—Nunca me he sentido a gusto ocupando mi lugar —dijo una.

—Yo no puedo hacer un círculo lo bastante grande —dijo otra.

—Me he confinado a un espacio tan reducido durante treinta años que ahora tengo la sensación de que necesito toda la sala. ¿Tienes más cordel? ¿Puedo ir al vestíbulo?

Otra no podía ajustar el círculo lo suficiente a su cuerpo.

—Siento como si no tuviera derecho a tener un cuerpo. Como si ocupar un espacio estuviera mal.

Mis alumnas son madres, profesoras, médicas, actrices, psiquiatras, psicólogas, abogadas, estudiantes universitarias, comadronas, amas de casa, inventoras, directoras ejecutivas. No son ni más ni menos neuróticas que el resto. Sin embargo, un trozo de cordel rojo pone de manifiesto que no viven en el centro de su existencia. Que no sienten que tengan permiso para hacerlo.

Después empiezo a enseñarles la sencilla meditación abdominal: les pido que sean conscientes de sus sensaciones en esa zona (el adormecimiento o el vacío son válidos como sensaciones). Cada vez que su mente divaga —aunque estén a mitad de una estrofa o enfrascadas en la agonía de un popurrí mental— les pido que empiecen a contar sus respiraciones para afianzarse en su concentración. Que empiecen a contar uno al expulsar el aire, que lleguen hasta siete y que vuelvan a comenzar. Si han sido capaces de estar concentradas en las sensaciones de su abdomen, no han necesitado contar hasta siete para mantener la concentración.

Tras enseñar esta meditación durante cinco días, la gente dice cosas como éstas:

«¡Oh! ¡Dios mío! Tengo la sensación de haber estado esperando esta experiencia de mi abdomen durante toda mi vida. Esperando mi propia llegada.»

«Si antes de venir aquí hubiera sabido que iba a tener que concentrarme en mi barriga, no habría venido.»

«Siento que mi barriga es del tamaño de Arkansas, y lo último que deseaba era meterme dentro de ella. Pero me ha sorprendido lo que ha sucedido. Por primera vez en mis cuarenta y dos años, siento que soy yo, que estoy viviendo esta vida.»

«Estoy aquí en lugar de fingir que estoy viva, cuando en realidad estoy esperando morir.»

«Ahora me doy cuenta de que tengo derecho a estar aquí. No estoy segura de lo que he estado haciendo todos estos años, pero desde luego no ha sido esto.»

Para algunas personas una meditación de veinte minutos supone darse cuenta de que están a mitad de un estribillo conocido y que han de regresar a su respiración. Novecientas veces. Para otras, veinte minutos de meditación supone perderse en una larga historia para recordar (sólo cuando suena la campana que marca el fin de los veinte minutos) que se han olvidado de la respiración. Hay personas a las que les cuesta menos concentrarse que a otras. Algunas pueden notar sensaciones como pulsaciones, cosquilleo o como si tuvieran mariposas. No importa. Lo que cuenta es que empieces el proceso de volver a tu cuerpo, a tu vientre, a tu respiración porque éstos —no tus historias mentales— sí que están aquí ahora. Y es sólo aquí, en el presente, donde puedes tomar la decisión de comer o no comer. De ocupar tu cuerpo mientras todavía sigues respirando o vaciar tus brazos y tus piernas y pasar por la vida como si fueras una cabeza caminante.

Adueñarte de tu propia presencia —de la experiencia directa, sensata e inmediata de estar en tu cuerpo— afianzándote en tu abdomen está muy relacionado con tu adicción a la comida. Por definición, la adicción a la comida supone comer sin escuchar las indicaciones de tu cuerpo, a lo cual sigue que, cuando desarrollas la capacidad de desviar tu atención en dirección a tu cuerpo, te das cuenta de lo que te está indicando y estás dispuesta a escucharlo, la adicción desaparece.

La meditación es una herramienta que sirve para despertarte. Una forma de descubrir lo que amas. Una práctica para regresar a tu cuerpo cuando las empanadas mentales amenazan tu cordura.

Pero... Eso no necesariamente se traduce en que siempre estés contenta. Algunos días, por ejemplo, me despierto muy animada. Enseguida me entran ganas de escribir o de hablar con algún amigo. Pero como antes de comer, escribir, beber *chai* (té) o hablar por teléfono siempre medito, a veces me siento atrapada. La idea de sentarme a meditar en silencio durante media hora es como ir a hacerte un curetaje en las encías. Siempre lo pospongo. Tardo una hora en fregar los platos del desayuno o busco alguna emergencia que atender dondequiera que sea. Esos días, comparo la meditación con la necesidad de ir a algún sitio especial siendo alguien que medita. Otras veces me rebelo contra mi propio decreto. Entonces, no me siento a meditar. Pero la mayoría de las veces me siento tranquilamente, y en cuanto lo hago y empiezo a ser consciente de mi respiración y de mi abdomen, se produce un cambio brusco. El mundo temporal en el que he estado viviendo desaparece. Todo aquello que urgía hacer se disuelve. Los sonidos se vuelven más altos. Las sensaciones más intensas: el graznido de los pájaros, la respiración más fuerte, el silbido del viento. La cálida respiración de la perra, el crujido de una puerta, el timbre del teléfono. Las pulsaciones en mi abdomen. El cosquilleo en mis manos. E incluso eso trasciende la sensación, porque lo que siento es que no hay diferencia entre fuera y dentro. De pronto, la bondad lo invade todo. En el espacio donde solía estar yo se encuentra la admiración casada consigo misma. Ésta es la razón por la que todavía medito cada día y te recomiendo que hagas lo mismo.

9

Respiración a respiración

«El señor Duffy vivía a corta distancia de su cuerpo.» Me gustaría que esta cita fuera mía (pero qué se le va a hacer, es de James Joyce), puesto que expresa perfectamente la evacuación masiva de nuestros cuerpos que se ha producido en el siglo XXI. Nos consideramos cabezas andantes con unos molestos y desagradables apéndices. Es como si prefiriéramos pretender que no tenemos cuerpo. Como si fuera la fuente de todos nuestros problemas, y que si pudiéramos deshacernos o prescindir de él de algún modo, todo iría bien. Vamos por ahí chocando por todas partes con nuestros brazos y piernas, dejamos que nos levante, que sostenga a nuestros hijos, que camine por nosotras sin llegar a tener nunca la oportunidad de vivir en él. Hasta que estamos a punto de perderlo.

Un artículo en *The New Yorker* sobre las personas que idealizan el suicidio (la técnica más extrema de deshacerse del cuerpo) saltando del puente Golden Gate citaba las palabras de un hombre que sobrevivió: «Al instante me di cuenta de que todo lo que pensaba que en mi vida no tenía arreglo, sí lo tenía. Salvo por el hecho de que acababa de saltar».

Suspira.

El problema no es nuestro cuerpo; el problema es que no vivimos en él.

La primera vez que hablo de vivir en nuestro cuerpo durante los retiros, los ojos de las asistentes se ponen vidriosos; de pronto, se nota el ambiente cargado. Bueno, el cuerpo tiene tan poco *glamour*. No hemos venido aquí para esto. Lo que les interesa es saber cómo conseguir otro cuerpo, no ocupar el que tienen ahora.

Una de las participantes estaba convencida de que sus generosos muslos de mujer de cuarenta años y madre de tres hijos eran el origen de su sufrimiento. Tras varios años de obsesión por cada nuevo nódulo adiposo de celulitis —por su aspecto con tejanos, por cómo sería su vida si tuviera otros muslos—, un día despertó con un tremendo dolor después de una liposucción. Recuerda que la recuperación fue mucho más dolorosa de lo que había imaginado. Recuerda que en los meses siguientes se miró los muslos como un millar de veces para evaluar su recién descubierta tersura. Al cabo de un año, al venir a su primer retiro, dijo: «Fue descorazonador comprobar que, después de haberme gastado tanto dinero, nadie, ni mi marido, ni mi hermana, ni yo, notamos la diferencia entre los muslos que tengo ahora y cómo los tenía antes. No parece que les importe, ni que se hayan fijado en que mis piernas tienen menos celulitis. No quería pasarme la vida odiando mis muslos, y ahora que nos hemos gastado la mitad de nuestros ahorros en la operación, sigo detestándolos».

Le dije que nunca había conocido a nadie que tras años de rechazo y odio, de la noche a la mañana, como por arte de magia, empezara a amarse, ni siquiera después de un *lifting* facial, de una cirugía con banda gástrica o de una liposucción. Cuando amas algo, quieres su felicidad; cuando odias algo, deseas aniquilarlo. Los cambios se producen gracias al amor, no al odio. El cambio tiene lugar cuando entiendes que tu deseo de cambio es tan profundo que no hay razón para hacer ninguna otra cosa que no sea en tu propio interés. Cuando empiezas a habitar en tu cuerpo desde dentro, cuando dejas de verlo, como diría mi amiga Mary Jane Ryan, «con los ojos de la cámara oculta de un banco», cualquier otra opción que no sea cuidarlo es impensable.

No importa cuánto te desprecies o que creas que la vida sería mejor si tus muslos fueran más delgados, tus caderas más estrechas o si tus ojos estuvieran más separados, tu esencia —eso que hace que seas tú— necesita el cuerpo para manifestar su visión, sus necesidades y su amor. Para oler el perfume a polvos de talco del cuello de tu bebé, necesitas carne, nariz, sentidos. La presencia, la iluminación, la perspicacia sólo son posibles porque tienen un cuerpo en el que desarrollarse. En *Desde mi cielo*, de Alice Selbod, cuando la narradora asesinada, Susie, quiere besar a su novio, se introduce en el cuerpo de su amiga para sentir la calidez de los labios en los labios, como si tener un cuerpo fuera el cielo.

A pesar de tu historia con tu cuerpo físico, la realidad es que tú estás aquí y las 151.000 personas que han muerto hoy no. Hace años escuché decir a un maestro que pensáramos en lo que darían las personas que habían muerto recientemente por estar en nuestro lugar. Dentro de un cuerpo, en una sala.

«Pensad en lo que darían por volver a estar un solo momento más en esta forma física, por tener estos brazos, estas piernas, por sentir este latido de tu corazón y no otro», dijo. Entendí que a los muertos a los que se estaba refiriendo no les importaba demasiado el tamaño de los muslos de nadie.

Tu cuerpo es un don del universo; mientras tengas pulso, te ofrecerá una lluvia incesante de experiencias sensoriales inmediatas. Rojo, sal, soledad, calor. Cuando un amigo te dice algo doloroso, sientes una punzada en el pecho. Cuando te enamoras, sientes el mismo pecho como un carnaval de fuegos artificiales, cascadas y explosiones de éxtasis. Cuando te sientes sola, tu cuerpo se siente vacío. Cuando estás triste, es como si tuvieras una apisonadora en el pecho. La pena es como hundirte con las olas de la marea, la alegría es como sentir el cosquilleo de las burbujas de champán por tus brazos, piernas y vientre. Nuestras mentes son como políticos; crean cosas y desvirtúan la realidad. Nuestras mentes son las maestras de la culpa, pero nuestros cuerpos..., nuestros cuerpos no mienten. Lo cual es, por supuesto, la razón por la que tantas hemos aprendido a acallarlo al primer signo de rebelión.

En algún momento, la habilidad de vivir a corta distancia de nuestro cuerpo fue nuestra mejor táctica de supervivencia. Puesto que los niños experimentan el dolor emocional a través de su cuerpo y que carecen de recursos para liberar ese sufrimiento, nos volvimos expertas en huir —engullir— a toda prisa. Al desarrollar la habilidad de abandonar nuestro cuerpo, evitamos ser destruidas por el avance de ese sufrimiento que potencialmente podía fragmentarnos. Fue una salida de emergencia.

Pero esa vía rápida para entrar y salir de nuestro plano físico acabó convirtiéndose en una inadaptación por dos razones principales: sabotea nuestra capacidad para sentir y, por consiguiente, para ser capaces de atravesar las situaciones que se nos presentan en la vida. Cuando sentimos que la pena nos ahoga y nuestra respuesta es comer *pizza*, bloqueamos nuestra capacidad para vivir ese dolor, a la vez que perdemos nuestra confianza en que éste no nos destruirá. Si no permites que un sentimiento se inicie, tampoco lo dejas terminar.

La segunda razón por la que vivir a una corta distancia de nuestro cuerpo es un signo de inadaptación es que, puesto que el cuerpo es el único lugar donde experimentamos el hambre y la saciedad, cualquier intento de poner fin a la adicción a la comida está destinado al fracaso. Cuando empiezas a comer sin ser consciente de si realmente tienes hambre, la única señal que te dirá que sueltes el tenedor serán las náuseas.

Soy consciente de que regresar a tu cuerpo después de toda una vida de estar luchando contra él, puede no resultar muy atractivo, especialmente, si es incómodo sentarse o caminar dentro de sus confines. Pero sólo por el hecho de que los regresos sean duros no significa que te pases el resto de tu vida evitándolo.

Recordarte en cualquier momento que tienes un cuerpo se parece a esto: te tambaleas y, de pronto, eres consciente de que estabas caminando y no te habías dado cuenta. Luego recuerdas tu respiración: el movimiento de tu abdomen, tus pulmones llenándose de aire. Sientes una especie de flujo, densidad, calor o cosquilleo en tus piernas. Sientes que tienes brazos, manos y que ahora uno de ellos está levantando un bolígrafo o a una niña. Conectas un instante con tu cuerpo y al momento siguiente te has vuelto a ir, vas flotando de un lugar a otro, sin tener un recuerdo claro de la transición. De pronto, vuelves a aterrizar —primero una respiración, luego otra— y es como si todo fuera nuevo. Sientes la respiración de tu hija en tu rostro. Notas el ruido que hace el bolígrafo sobre el papel. Te enamoras del sonido como si fuera la primera nota de una sinfonía. Pero al momento siguiente eres catapultada a ver sin ver, a oír sin oír.

Regresas a tu cuerpo como un millar de veces al día. Aunque vivas en una ciudad con el ruido de las sirenas y el estruendo de las bocinas, puedes concentrarte en las sensaciones físicas: el roce de tus piernas con la silla, el sonido del teclado de tu ordenador, el frescor del aire. De este modo, se puede vivir, «en nuestro verdadero ámbito, en vez de ir por ahí perdiéndonos cosas, como si de los países sólo conociéramos los hoteles y los aeropuertos», dice el escritor John Tarrant.

Thich Nhat Hanh, el maestro budista vietnamita, dice: «No hay senda hacia la felicidad, la felicidad es la senda». Del mismo modo, no hay camino de regreso a nuestro cuerpo, el cuerpo es el camino. Lo abandonas y luego regresas. Te vas y vuelves. Lo olvidas y lo recuerdas. Olvidar. Recordar. Una respiración y luego otra. Un paso tras otro. Así de fácil. No importa cuánto tiempo haga que te has ausentado;

lo que importa es que has vuelto. Con cada regreso, cada sonido, cada sensación, hay relajación, reconocimiento y gratitud. La gratitud engendra gratitud, madura en las flores, en la nieve, en montañas de más gratitud. Pronto empiezas a preguntarte dónde habías estado todo este tiempo. Cómo es que te habías ido tan lejos. Te das cuenta de que la tortura no es tener estos brazos o piernas, sino estar tan convencida de que Dios está ahí fuera, en otro lugar, en otro plano, de que te estás perdiendo ese gajito de luna, y entonces tu propia presencia despierta.

10

GPS hacia la dimensión desconocida

El mayor obstáculo para cualquier transformación es la voz que te dice que es imposible. La que te dice: *Siempre has sido así, siempre serás así, qué sentido tiene. La gente no cambia. Al menos podrías comer. Por cierto, ¿te has mirado los brazos últimamente? ¿Y en qué estabas pensando cuando te has puesto hoy esos pantalones? ¿Te has fijado en las cartucheras que se te marcaban a través de los pantalones? Ah, perdona, ¿te has olvidado de maquillarte hoy, o ése es el aspecto que tienes cuando te maquillas? Ese pelo. Esos muslos. ¿Por qué te preocupas? ¿Te he dicho lo que pienso sobre lo que le dijiste a tu jefe? ¿Quién eres, la Reina del Universo? ¿Cuántas veces tendrás que meter la pata para que aprendas a tener la boca cerrada?*

Anne Lamott lo llama la emisora KFKD. Personas menos poéticas (como Sigmund Freud) lo llaman superego, el padre interior, el crítico interno. Yo lo llamo la Voz.

Todos tenemos la Voz. Es necesaria para el desarrollo. Hemos de aprender a no poner las manos en el fuego, a no plantarnos en medio de la calzada cuando pasan los coches. Hemos de aprender que probablemente no seremos bien recibidas en las casas ajenas si les tiramos la comida a la pared o les ponemos serpientes en sus camas. Cuando las figuras de autoridad externas como los padres, profesores o familiares nos transmiten verbal o no verbalmente las instrucciones para nuestra supervivencia física y emocional, fusionamos todas esas voces en una sola —la Voz— mediante un proceso denominado introyección (interiorizar las figuras de autoridad externas).

Según los psicólogos del desarrollo, la Voz está plenamente operativa en la mayoría de las personas a la edad de cuatro años, desde entonces actúa como una brújula moral, como un disuasorio de las conductas cuestionables. En lugar de tener miedo de la desaprobación de nuestros progenitores, tenemos miedo de la desaprobación de la Voz. En lugar de ser castigadas por atrevernos a contradecir a nuestra madre o padre, los adultos nos autocastigamos por atrevernos a creer que nuestra vida podría ser de otro modo. El riesgo nos produce aversión, tenemos miedo al cambio.

La Voz se deja oír cuando pretendemos desafiar nuestro estatus. Cuando queremos hacer algo que a nuestros padres no les hubiera gustado. Según como sean nuestros padres, esto puede ser cualquier cosa, desde viajar a Asia *(Con toda esa malaria, disentería, lepra; lo mejor es quedarse en casa)*, hasta confiar en nuestros propios instintos *(¿Confiar en tus instintos? ¿Hola? ¿Te has dado cuenta de adónde te ha llevado eso?)* o usar tu relación con la comida como medio para descubrir tu verdadera naturaleza *(Yo te enseñaré cuál es tu verdadera naturaleza. Devoraste esas patatas fritas la semana pasada).*

Algunas personas —yo, por ejemplo— tardan en interiorizar la Voz. Cuando tenía ocho años, mi amiga Amanda y yo nos sentamos en las escaleras de la puerta de casa en una lánguida tarde de verano en Nueva York a ver pasar a la gente. Nos fascinaban sus traseros, las protuberancias amelonadas. Incapaces de seguir conteniéndonos, salimos de nuestro letargo e inventamos un juego: una de las dos seguiría de puntillas muy lentamente a algún transeúnte que pasara por la calle. Cuando viéramos el momento adecuado, le daríamos un pellizco en el culo y echaríamos a correr en dirección contraria. Nuestro juego funcionó bien durante media hora, hasta que Amanda le pellizcó el culo a Martin, el hijo de Ethel y Harry Sherman, tras lo cual éste se lo dijo a su madre. Ethel llamó a mi madre, que salió a la calle y me pilló pellizcándole el culo a Murray Wise, su dentista. Problemas. «¿Qué te hace pensar que está bien ir pellizcándoles las posaderas a la gente?», nos reprendió gritando mi madre a Amanda y a mí, a la vez que le pedía disculpas repetidamente al doctor Wise. «Es divertido», respondimos al unísono. «Es una violación —palabra importante, consúltese en el diccionario— de su intimidad», dijo mi madre. «¡Dejad de hacerlo ahora mismo! ¡Ahora! No mañana, ni la semana que viene, sino ¡ahora! Entrad en casa enseguida.»

La Voz controla los impulsos, es la mediadora entre lo apropiado y el escándalo; una de sus principales funciones es reprimir la conducta que podría llevar a que nos arrestaran. En gamberras como yo, este proceso lleva más tiempo de lo habitual.

Transcurridas las dos primeras horas de un retiro, les pido a las participantes que me hagan una lista de las diez críticas principales que se hayan hecho desde que entraron por la puerta. «¿Sólo diez? —suele preguntar alguien—. ¿Qué te parecen cien? ¿Quinientas?»

Luego les pido que las lean en voz alta en el tono que emplea su Voz. Los detalles pueden variar de una persona a otra, pero más o menos van desde el «No me puedo creer que haya venido a otro programa sobre el peso», hasta «¿En qué estaría pensando cuando me puse el vestido sin mangas?», «Las uñas de mis pies dan asco» y «Estoy perdiendo el tiempo; debería irme a casa ahora». Unas veces la Voz dice: «Te esfuerzas demasiado». Otras dice: «No te esfuerzas lo suficiente». Pero su mensaje principal siempre es el mismo: «No puedes confiar en tus impulsos. Escúchame a mí. Depende de mí. De lo contrario morirás siendo una fracasada. Eres idiota».

¿Te parece exagerado? Lo es. ¿Te parece que nunca le dejarías a nadie hablarte de ese modo? Quizá. Pero tú te hablas así desde que te levantas hasta que cierras los ojos por la noche, sin que se te pase por la cabeza que es una crueldad; te has inmunizado a tus insultos. Aquí está la cuestión: la Voz suena y se parece tanto a ti que te crees que *eres* tú. Crees que te estás diciendo la verdad. Y estás convencida de que sin la Voz actuando como tu conciencia, tus impulsos salvajes y primarios se desbocarían.

Veamos un ejemplo que probablemente se produce con alarmante frecuencia, y además muchas veces al día. Estás ocupada con tu rutina matinal y te pruebas unos pantalones viejos. ¡Oh, no! No puedes pasar la pierna derecha por el agujero que le corresponde. El mismo que el año pasado era una talla más que el año anterior. La Voz dice: «¡Mírate! ¡Eres patética! Tus muslos tienen el diámetro de las Rocosas». Te miras los dos apéndices en cuestión. «Mmm, mis muslos se están adueñando de mi cuerpo, de la sala de estar, del vecindario», piensas. La Voz dice: «¡Deberías avergonzarte de ti misma!» Estás de acuerdo. «*Me* avergüenzo de mí misma, mira cómo me he abandonado.» La Voz responde: «Mala, mala, mala». «Muslos malos. Soy mala», piensas.

A los pocos minutos, te das cuenta de que te sientes como si te hubieras vaporizado. El espacio que ocupabas antes ha sido sustituido por un terror fantasmal y un vago sentimiento de estar necesitada, débil y gorda. En cuestión de minutos, empiezas a sentir que tu vida no vale nada.

Sin embargo...

Nada —ni una sola cosa— ha cambiado desde esta mañana cuando te sentías con agallas, guerrera e irreverente. El hecho objetivo es que no cabes en tus pantalones. La realidad objetiva es que no te caben los pantalones. Que te has engordado en los últimos meses. Pero ¿por qué engordar tiene el poder de acabar con tu última pizca de bienestar? ¿Por qué no puedes darte cuenta de que te has engordado y tomas algunas decisiones sobre lo que tienes que hacer con un poco de sabiduría y autoestima?

Porque la intención de la Voz es aturdirte, no activar tu inteligencia o ecuanimidad. En su fase de desarrollo más primaria, era biológicamente adaptable: te protegía para que no fueras rechazada por tus cuidadores. Ahora es arcaica, un vestigio de la infancia, a pesar de su supuesta utilidad, está controlando tu vida e incapacitándote para actuar con ver-

dadero discernimiento e inteligencia. Su principal advertencia es: *No cruces la raya. Mantén tu estatus.*

La Voz drena tu fuerza, pasión y energía y las pone en
tu contra. Su forma única de distorsionar la verdad objetiva
—que te has engordado— con más críticas morales —que,
por lo tanto, eres una gran perdedora— hace que te sientas
derrotada y débil, lo que te vuelve más susceptible a aferrar-
te al siguiente remedio fácil o cura milagrosa. Cualquier
cosa con tal de no sentirte tan desesperada.

La Voz es implacable, devastadora, y acaba con tu vida.
Te debilita, te paraliza y te vuelve tan incompetente que no
te atreves a cuestionarte (su) autoridad. Su intención es evitar que te expulsen de lo que ella percibe como el círculo de
amor.

Algunas de mis alumnas están convencidas de que la
Voz es una réplica exacta de sus madres o padres y que sólo
un exorcismo puede librarlas de sus peroratas. Y aunque la
Voz pueda parecerse sospechosamente a nuestro padre o
nuestra madre, vale la pena recordar que suele ser un com-
puesto de figuras de autoridad que hace hincapié en los principales cuidadores.

En mi familia, la especialidad de mi madre era su capacidad pulmonar y alarde de la expresión vocal. Decía cosas
como «¡Vuelve a hacer esto una vez más y vas a estar volando hasta mediados de la semana que viene!», y «¿Aburrida? ¿Dices que estás aburrida? Ve a darte golpes en la cabeza contra la pared y cuando hayas terminado te sentirás
mejor». Cuando estas frases eran acompañadas de sus correspondientes gestos con la mano y ojos desorbitados, sur-
tían el efecto deseado: que yo desapareciera sintiendo que

mi existencia era un tremendo error y también que cuestionar sus acciones acarreaba graves consecuencias.

Mi versión de la Voz tiene las mismas inflexiones, el mismo sarcasmo, la misma cantinela con la que mi madre me ponía a raya. Pero su contenido también incluye las Leyes de la Vida según Bernie Roth, mi padre, que cuando estaba intentando escribir mi primer libro, me dijo: «¡He oído que hace poco alguien remitió un manuscrito sin firmar de Charles Dickens a un editor y éste rechazó el libro! ¿Qué te hace pensar que eres mejor que Dickens?» La primera vez que me oyó hablar en público ante una gran audiencia, me dijo: «Tienes carisma. Hitler, también». Esto en boca de un hombre cuya familia había sufrido la pérdida de treinta y tres de sus miembros en las cámaras de gas de Auschwitz. Y al igual que los gritos de mi madre, las mesuradas sentencias de mi padre me dejaban destrozada, fuera de combate, impotente.

No cuento estas historias para culpar a mis padres (aunque según parece eso es lo que he hecho de forma no intencionada en mis libros anteriores). Hace poco, mi madre y mi padrastro estaban en una feria de salud y productos naturales donde mi padrastro vendía Xango en una caseta, una bebida milagrosa de la selva tropical. Una nutricionista se puso a hablar animadamente con Dick y éste le preguntó si había leído mis libros.

—Sí, los consulto constantemente —respondió ella.

—Yo soy su padrastro —dijo Dick—. Ella es su madre —añadió señalándola.

La nutricionista la fulminó con la mirada.

—Bueno, ya sabe... —le dijo por fin a mi madre.

Pausa. Tiempo. Silencio.

—¡Geneen ha tenido una infancia terrible! —se dio la vuelta y se marchó.

Mi madre telefoneó más tarde a la nutricionista y le dijo: «Sí, ya lo sé. Lo sé todo. ¡Yo también estaba allí!» Ahora, hace treinta y siete años que me marché de casa, y no tengo ningún problema con mis padres (hecho que me resulta un tanto inconveniente, puesto que la culpa es, bueno, muy purificadora), pero sí me ocasiona ciertos problemas el ser consciente de la forma en que están instaurados dentro de mí.

Aunque hubieras sido una de esas personas afortunadas que ha tenido unos padres amables, amorosos y que sintonizaron con todas tus formas de expresión, seguirías teniendo la Voz instalada en tu psique, y todavía tendrías que enfrentarte a ella. Porque hasta los padres más ecuánimes ven a sus hijos a través de las tendencias de sus filtros. Intentan transmitir sus definiciones del éxito y de la espiritualidad, del amor y de la creatividad, que inevitablemente no concuerdan con las necesidades especiales de sus hijos.

Los hijos crecen en la dirección de la luz y de la atención. Aquello que en la infancia permanece desatendido no se desarrolla. Si a una niña se la valora por sus logros, aprenderá a valorar más lo que hace que lo que es y la Voz intervendrá cada vez que no cumpla con los niveles de calidad requeridos. Si tus padres no eran capaces de ver aquello que no podía conseguirse, verse o probarse, creciste ignorando esas dimensiones de ti misma. Y cuando te adentres en el mundo que está más allá de las apariencias, la Voz se presentará en forma de sarcasmo y de dudas.

La Voz consume tu fortaleza, te pone de rodillas y te sitúa en un mundo regido por figuras de autoridad del pasado que te dan órdenes crueles y que casi siempre son irrelevantes para quien realmente eres y lo que te gusta. La Voz secuestra tu claridad y tu conocimiento objetivo, te impide conectar con tu propia autoridad. Te trata como a una niña necesitada de una brújula moral, pero su norte no incluye ningún campo nuevo o renovado. Imagina que la Voz es un sistema de posicionamiento global (GPS) de la dimensión desconocida. Cuando sigues sus instrucciones, te pasas la vida intentando encontrar calles que ya no existen en una ciudad que desapareció hace tiempo. Entonces te preguntas por qué te sientes tan insoportablemente perdida.

Byron Katie dice: «Me gustan mis pensamientos. Simplemente, no caigo en la tentación de creer en ellos». En cuanto dejas de creer en la Voz, cuando oyes: «Eres la peor persona del mundo. Eres egoísta y superficial, tienes un corazón seco y marchito y una piel más dura que la de un elefante», y tú respondes: «Vaya, ¿y qué pasa?» o «¿De veras? ¿Soy la peor persona del mundo? ¿Es cierto?», o: «Cariño, me parece que necesitas un par de docenas de margaritas. Habla conmigo cuando te las hayas tomado», eres libre. La libertad es oír a la Voz divagar, gesticular y sermonear y no creerte ni una palabra.

Cuando te desvinculas de la Voz, puedes acceder a ti misma y a todo lo que la Voz supuestamente te ofrece: claridad, inteligencia y verdadero discernimiento. Fuerza, valor y felicidad. Compasión. Curiosidad. Amor. Nada está mal porque no hay nada correcto con qué compararlo. Cuando dejas de responder a los constantes comentarios sobre tus muslos, tu valor, tu propia existencia, cuando ya no crees que nadie —especialmente, la Voz—, sepa lo que se supone que ha de suceder, sólo quedan los hechos. La respiración. El aire. La piel en contacto con la silla. La mano en el vaso. La cinturilla clavándose en la carne. Cuando te liberas —aunque sólo sea una vez— de la Voz, de repente te das cuenta de todo el tiempo que has estado creyendo que su letal dominio era tu verdadera vida. Eres Ingrid Betancourt, liberada tras años de haber estado secuestrada.

Entonces...

Puedes preguntarte si te sientes cómoda con tu peso. Si te sientes sana, con energía, despierta. Y si la respuesta es no, puedes plantearte qué puedes hacer al respecto que encaje en tu vida cotidiana. Algo con lo que puedas vivir y que puedas mantener. Que despierte tu corazón. Muchas veces les digo a las participantes de mis retiros que si no sienten una rotunda afirmación cuando me oyen hablar, si no anhelan el tipo de compromiso en su propio proceso que estoy describiendo, tendrán que encontrar otra manera de craquear el código de su relación con la comida, para que no sigan quedándose fuera de ellas mismas intentando desesperadamente entrar. Escuchar e implicarte en las tonterías de la Voz te deja fuera de ti. Te mantiene esclavizada. Te avergüenza, te genera ansiedad, pánico. No se producirá ningún cambio importante mientras sigas arrodillada ante el altar de la Voz.

A pesar de haber escrito sus autocríticas el primer día de retiro, a pesar de nombrar la presencia de la Voz, casi todas las alumnas vuelven a caer en sus garras al día siguiente o al otro. Puesto que estamos tan identificadas con la Voz y que estamos totalmente convencidas de que sin ella retozaríamos por la vida sin moralidad y con total desenfreno, liberarte de su atadura requiere cierto tiempo; sucede en etapas.

Empiezas por identificar a la Voz y su efecto sobre ti. Y aunque eso parezca fácil, se parece a separar el hierro de un imán. Normalmente, no eres consciente de que estás bajo su influencia hasta que no notas el impacto de sus arengas. Te das cuenta de que hace diez minutos eras tú misma, pero que ahora te sientes como Superman tras haber sido expuesto a la criptonita por la mediación de Lex Luthor: ausente, menospreciada, débil, incapaz, humillada, avergonzada.

El mayor reto en la etapa de identificar-y-desengancharse es que, puesto que te crees todo lo que la Voz ha dicho, también crees que has de ocultar tus defectos a los demás para que no huyan horrorizados. Crees que la Voz sabe la verdad y no quieres que nadie más descubra lo monstruosa que eres. Tu oscuridad. Tu condición de irredimible. Ocultarse parece un acto de autoconservación. Parece que sea tu única opción para conseguir algo de amabilidad o amor en tu vida. Cuando estás totalmente de acuerdo con la Voz, te autoconvences de que tu mejor y único recurso es estar avergonzada de ti misma e intentar corregirte con todas tus fuerzas. Ser la idea que la Voz tiene de ti. Ser otra diferente, alguien que no eres tú.

Es entonces cuando cada instante que has pasado (cuando no estabas bajo la influencia) prestando atención a tu propio ser, al mundo invisible, a observar tu mente —cada instante que has pasado lanzando las monedas de tu atención al pozo de la conciencia plena— vuelve a ti como la noción de que *este lugar destruido no eres tú.* Aunque te parezca familiar y sea como una muñeca de alquitrán —cuanto más intentas deshacerte de ella más enganchada te quedas—, no eres tú. Lo sabes porque ya has experimentado momentos de gozo, paz, de ser feliz sin motivo aparente. Ya sabes que eres eso que no se puede nombrar, atacar o destruir. Y que ahora ser consciente te está ayudando a separarte de lo que no eres tú; de tu historia de que no tienes remedio; de tu vergüenza por seguir interpretando el mismo plagio de la historia de ti misma. Y como te ha empezado a gustar la vida sin esa historia, sin tu pasado, cada vez estás menos dispuesta a soportar el sufrimiento de escuchar a la Voz. Empiezas a preferir la simplicidad a la complicación; la libertad a lo familiar.

A las personas que no han tenido la experiencia de ellas mismas sin la Voz les pido que vivan como si la hubieran tenido. Que vivan como si supieran que se merecen su propio tiempo. Que vivan como si se merecieran cuidar de su cuerpo. Que vivan como si las posibilidades que tanto anhelan existieran. Vivir como si ya lo fuera crea un puente hacia una nueva forma de vida. Te permite ver que hay otras posibilidades. Que puedes caminar, hablar, comer como si te merecieras estar aquí.

Loren, mi ayudante en los retiros, dice que cuando estaba aprendiendo a desvincularse de la Voz tenía que hablarle de formas en las que no podía hablar a sus padres. Tenía que decir cosas como «¡Jódete! ¡Lárgate! Ve a meterte con alguien de tu tamaño». Como en su familia no estaba permitido enfadarse y la Voz parecía imitar a sus padres, le resultaba chocante y liberador al mismo tiempo decirle a la Voz que se jodiera. En el momento en que consiguió reunir el valor para defenderse de la crueldad de la Voz, se sintió aliviada, libre, y tuvo la sensación de que era ella, Loren, la que volvía a ocupar su cuerpo, en lugar de estar bajo el control del clon de Darth Vader.

Cuando identificas lo que ha sucedido —«Me he derrumbado, la Voz y yo somos una»—, puedes dar más pasos para liberarte de tu captor. Escribe o di las frases exactas que pronuncia la Voz, pero en lugar de hacerlo en primera persona (que hace que la Voz y tú sigáis unidas), conviértete en la Voz que te habla a ti, la desgraciada, la inmoral, la irredimible. Incorpórate sentándote en la cama si estás acostada. Habla en voz alta cuando vas en coche. Escríbelo todo cuando estés en tu despacho, en la cocina, en la sala de estar. No te guardes nada: «Tú, gilipollas. Tú, inútil. Tú, amoral, bruja disecada. ¿Cómo te atreves a...?», y mientras hablas observa tu respiración. Observa tu vientre. Observa que te habías estado sintiendo muerta y que de pronto empiezas a notar que regresa tu energía (la energía que la Voz te había robado). La historia o las palabras en sí no importan tanto como la energía que encierran. No juzgues los detalles —«¡Oh, Dios mío, he usado la palabra *bruja*!»— sencillamente siente las sensaciones que surgen en tu cuerpo. «Guau. Es como una bola de lava en mi pecho. Ahora me sube por la garganta. Ahora me baja al vientre, a los brazos. Ahora me siento grande. Expandida.» Observa lo que sucede sin exagerarlo. Sin propiciarlo ni reprimirlo. Es sólo energía. Pasión. Sin límites. Estás permitiendo que suceda. Al cabo de un rato, te das cuenta de que cuando esta energía no está dirigida a ningún objeto, cuando la sientes sin proyectarla hacia nada ni nadie, te sientes viva. Te has vuelto a encontrar. Has resurgido. Sin nombre. Libre.

Tras desconectarte y reclamar tu propia fuerza, puedes discernir y tomar decisiones sobre tu malestar. Puede que llegues a la conclusión de que tu cuerpo no se siente bien cuando tomas azúcar. Que has de ir a un médico o a un nutricionista. Que has de cambiar de trabajo o de pareja, o que te has de mover más. Pero hasta que no te libres de la Voz, cualquier decisión que tomes basándote en esta opresión será como una confesión hecha bajo tortura. Cuando decides que has de adelgazar diez kilos porque con este peso estás horrorosa, que has de meditar todos los días o ir a la iglesia los domingos porque si no lo haces irás al infierno, estás tomando decisiones importantes mientras te están dando latigazos. No se puede confiar en las decisiones inducidas por la Voz, esas que has tomado por vergüenza y a la fuerza, por sentido de culpa o por dolor. No son duraderas porque se basan en el miedo a las consecuencias, en lugar de en el anhelo por la verdad.

Por el contrario, pregúntate qué es lo que te gusta. Sin miedo a las consecuencias, sin vergüenza, sin culpa o sin sentirte forzada. ¿Qué te motiva a ser amable, a cuidar tu cuerpo, tu espíritu, a amar a los demás y a la Tierra? Confía en ese anhelo, en ese amor que se puede traducir en acción sin amenaza de castigo. Confía en que no destruirás lo que más te importa. Concédete eso.

PARTE III

COMER

11

Las que se divierten y las que no

Mi dieta favorita de todos los tiempos fue en su día el taba-
co, el café y el refresco con sabor a vainilla Diet Shasta. Un
eminente psicólogo que se llamaba Bob me habló de ella un
verano cuando yo cursaba segundo en la universidad. Bob,
que había llegado a pesar ciento ochenta kilos, ahora estaba
notablemente delgado gracias a su invento, la Dieta Marrón:
fumar tres paquetes de cigarrillos y beber doce tazas de café
al día, punto.

«¡Guau!», le dije a Bob en un restaurante donde yo me
estaba comiendo unos bollos con su correspondiente generosa ración de mantequilla, mientras él, naturalmente, tomaba café y hacía unos perfectos anillos de humo de color
gris. «¡Por fin! ¡Una forma de estar delgada!»

Bob movía vigorosamente la cabeza. Tenía suficiente ca-
feína como para poner en marcha una planta nuclear, sus
movimientos físicos casi rozaban lo maníaco: andaba pisando fuerte, sus manos se movían dibujando círculos en el aire.
«Realmente funciona, Geneen. He adelgazado más de no-
venta kilos y lo mejor de todo es que resulta de lo más conveniente. No tienes que preocuparte de mascar. Ni de fregar

los platos, bandejas y cubiertos. ¡Todos podemos adelgazarnos con esta dieta!»

Y al día siguiente empecé mi Dieta Marrón, pero añadiendo el refresco con sabor a vainilla Diet Shasta, que era mi única desviación de la dieta. La seguí durante tres semanas y como puedes imaginar perdí bastantes kilos. Y como no dormía nunca, también conseguí realizar hazañas que hasta entonces habían sido imposibles para mí, como leer *El conde de Montecristo* y hacer una manta de punto.

Pero no fue sólo este programa el que adopté con gusto. Cada vez que descubría un nuevo régimen —la dieta del pollo frito, la del *sundae* con sirope de caramelo, la de los cereales Grape-Nuts— lo adoptaba con entusiasmo, hasta con veneración. Me encantaba que me dijeran lo que tenía que hacer. Me hacía sentir que alguien se encargaba de mí. Alguien había evaluado la situación, entendido el caos en que me encontraba y hallado la respuesta. Proteínas. Pasta. Alimentos crudos. Guano de ruiseñor. Me daba igual. Estaba dispuesta a abandonar la dieta de esta semana por otra totalmente opuesta la semana siguiente, si alguien me lo decía. Me sentía muy aliviada al creer que si pudiera seguirla al pie de la letra, la salvación —el fin del incesante autodesprecio que creía que se debía a mis muslos regordetes— estaría en mis manos.

Lo cierto es que todas las dietas que seguí me funcionaron increíblemente bien. Siempre me adelgacé. Siempre me redimía porque las reglas eran muy claras:

- Arrepentimiento.
- Privación.
- Pasar hambre.

Luego ya no podía aguantar pasar hambre ni un minuto más. Ni uno solo. Cuando llegaba ese momento, me convertía en mi opuesto. El orden se transformaba en caos, la restricción en abandono. Como un hombre lobo en luna llena, me convertía en una criatura de la noche, en una cosa salvaje que poco tenía que ver con el ser humano que era durante el día. Rompía y destrozaba las cajas, latas y bolsas de comida que hallaba a mi paso con una voracidad tan tremenda que parecía que no hubiera comido en años. Tras dieciocho meses de dieta crudívora y zumos, pasé dos meses engullendo *pizzas* y trozos de salami. Tras tres semanas de Dieta Marrón, pasé seis semanas tragando docenas de donuts a toda velocidad. Luego, con la misma rapidez con la que había comenzado todo, salía del trance y volvía a ser civilizada.

Cuando dejé de hacer dieta, erróneamente supuse que todas las personas que tenían adicción a la comida ansiaban las normas, las directrices y el orden hasta que se rebelaban contra ellas y volvían a atiborrarse. Pero hace unos diez años, mi amiga y dietista Francie White me dijo que algunas personas *odiaban* las dietas. Algunas se rebelan al instante —no al cabo de tres semanas— cuando alguien les propone un plan de alimentación. Sus vidas son como un festín ininterrumpido.

Cuando analicé esto con mis alumnas, descubrí que apenas la mitad habían tenido éxito con las dietas. No les interesaban ni las reglas, ni el orden, ni que les dijeran lo que tenían que hacer. Me hablaban del infierno de comer por inercia sin ninguna restricción. Del mundo de encontrarse frente a la nevera sin entender cómo habían llegado hasta allí. De acabar de comer un pastel, sin acordarse de cuándo habían dado el primer bocado. Me quedó claro que no todas las comilonas son la consecuencia de un ayuno; en la mitad de las adictas a la comida por razones emocionales, los festines (o, al menos, comer en exceso por costumbre) son una forma de vida salpicada por el sueño, el trabajo y el tiempo que pasan con su familia. Lo que me condujo a la conclusión de que hay dos tipos de adictas a la comida: las Restrictivas y las Permisivas.

Las Restrictivas creen en el control de ellas mismas, de la comida que ingieren y de sus entornos. Y siempre que pueden también intentan controlar el mundo entero. Las Restrictivas actúan con la convicción de que el caos es inminente y que es *ahora* cuando se ha de hacer algo para mitigar el impacto.

Para una Restrictiva, la privación es un consuelo porque le proporciona la sensación de control. Si reduzco la cantidad de comida que ingiero, reduzco mi talla. Si reduzco mi talla, limito (o eso creo) mi sufrimiento. Si limito mi sufrimiento, puedo controlar mi vida. Me aseguro de que no me pasen cosas malas, de que alejo el caos.

El polo más extremo de la restricción es la anorexia —ayunar a riesgo de la propia vida—, pero todas las Restrictivas creen en la privación, la restricción y la contención como directrices. Cuando en los retiros comemos juntas, enseguida identifico a las Restrictivas: en sus platos hay más espacio que comida.

Una de sus creencias básicas es que menos es más. Si muestro menos de mí, menos puede resultar herido. Si me corto por las rodillas, no será tan dura la caída cuando alguien saque su espada. Comer menos —y por consiguiente, estar delgada— equivale a sentirse a salvo.

Cuando las calorías son la medida del día, las Restrictivas siempre saben cuántas calorías tiene una manzana pequeña, un plato de helado o una galleta Oreo. Cuando nos regimos por el índice glucémico, saben cuántos gramos de grasa, proteínas e hidratos de carbono tiene una tostada, una cucharadita de aceite de oliva o una magdalena de arándanos. ¿Qué es esto que has dicho? ¿El salvado de avena es el nuevo alimento milagroso? Fantástico, lo incluiré en todo lo que coma en los próximos diez años. ¿Cómo? ¿Que el salvado de avena produce cáncer? Muy bien, dejaré de tomarlo inmediatamente. Puesto que la restricción-privación se traduce en control, y puesto que el control significa seguridad y seguridad significa supervivencia, toda perspectiva de privación supone un alivio: dime lo que he de dejar de comer y lo haré inmediatamente. Dime qué, cuándo y cuánto he de comer. Dame listas que pueda memorizar. Dame unas reglas y las seguiré siempre. Mi vida depende de ello.

Puesto que las Restrictivas siempre están intentando reprimir la energía salvaje que está forcejeando para liberarse —al fin y al cabo, la luna llena siempre está al caer—, nunca pueden llegar a relajarse del todo. Puesto que intentan evitar lo inevitable, han de esforzarse mucho, y como han de esforzarse tanto, se convencen de que el sufrimiento es noble. Y si no cuesta es que no vale la pena.

No destacan por su tristeza, pero desde luego la risa y la diversión no son sus metas. Para eso (o lo que aparenta serlo) hemos de fijarnos en sus hermanas las Permisivas.

Las Permisivas aborrecen las reglas. Si alguna vez han adelgazado con una dieta, ha sido a costa de un abyecto y desgarrador suplicio. No se fían ni de los programas, ni de las directrices, ni de las listas de menús semanales.

Las permisivas dicen: «Me he engordado veintitrés kilos en los últimos seis meses y no entiendo por qué». Mientras que una Restrictiva actúa con la máxima cautela, con su antena en constante movimiento como una anémona de mar, las Permisivas prefieren ir por la vida sin enterarse de nada. De ese modo, no sienten ni su dolor ni el de los demás. Si no me doy cuenta, no tengo nada que arreglar. Si voy dormida por la vida, no tengo que preocuparme del futuro, porque no soy consciente del mismo. Si dejo de intentarlo, no me decepcionaré cuando fracase.

Al igual que las Restrictivas, las Permisivas actúan por la necesidad de sentirse a salvo en lo que consideran situaciones hostiles o peligrosas. Pero a diferencia de las Restrictivas, que intentan controlar el caos, las Permisivas se unen al mismo. No ven razón para intentar controlar lo incontrolable y deciden que es mejor ver borroso, estar insensibilizada y disfrutar de la fiesta. En definitiva, pasárselo bien.

En mi libro *No más dietas*, escribí sobre mi amiga Permisiva Sally, a la que llamaba mi amiga qué-demonios: «Fuera cual fuera mi estado de ánimo, cuando llegaba a su casa pronto empezaba a pensar "¡Qué demonios! También puedo tomar champán en copa de cristal. También me puedo pintar las uñas de los pies de dorado. También me puedo dar un baño en su enorme bañera con grifos de sirena. ¿En qué estaba yo tan enfrascada antes de venir aquí?"» Estar con Sally es como estar en un festín sin comida.

Aunque tanto Permisivas como Restrictivas crean que no hay suficiente, que no consiguen lo que quieren, las Restrictivas reaccionan ante la percepción de carencia privándose ellas mismas antes de que algo o alguien lo haga; mientras que las Permisivas reaccionan intentando almacenar antes de que la abundancia, el amor o la atención desaparezcan. Ellas son las que han creado el estereotipo distorsionado de «gorda y feliz», porque normalmente parece que se lo *están* pasando bien. Parece que son despreocupadas, pero sólo es porque se niegan a incluir cualquier cosa que vulnere su órbita letárgica de protección. Sus vidas dependen de la negación, de la misma forma que la de las Restrictivas depende de la privación, y cuando su supervivencia depende de navegar por la vida eliminando los escalafones inferiores de la verdad, deja de ser divertida o alegre.

No obstante, puesto que la mayor parte de la sociedad no traspasa el mundo de las apariencias, da la impresión de que las Permisivas se divierten más. Para una Restrictiva, estar con una Permisiva es como no ir un día al colegio porque ha nevado. Es como estar con un ser de otro planeta. Cuando voy a Starbucks con una amiga Permisiva, pido un té con especias con leche orgánica y sin agua. Ella pide el Frappuccino más grande —no el *light*— con doble ración de nata montada. «Pero si son las once de la mañana», digo yo. Ella sonríe y dice: «La vida es corta, cariño, ¿quieres un poco de nata?»

Te estarás preguntando por qué las Restrictivas no entregan sus placas y se pasan al bando de las Permisivas. Si tuvieras que ser la una o la otra (y todas lo somos), ¿por qué no ser la Permisiva? ¿Por qué vas a privarte cuando puedes beber champán y comer nata montada hasta la saciedad antes del mediodía?

Como Restrictiva, yo me hacía estas preguntas. Pero lo mismo les pasa a las Permisivas. Cuando introduzco este material en mis retiros, mis alumnas tienen dos reacciones principales: sienten un gran alivio y una amarga envidia. Alivio al oír la descripción de su conducta. Envidia por querer ser cualquier otra persona. Las Restrictivas de pronto creen que su vida sería mejor si pudieran dejar de controlar. Pero las Permisivas están convencidas de que si pudieran seguir un régimen alimenticio razonable perderían peso.

Pertenecer a una categoría no depende de nosotras. Como dice mi madre, depende de la cama en la que has nacido. Nacemos con ciertas tendencias innatas, ciertas percepciones. Las hermanas, incluso las gemelas, aun con los mismos padres y el mismo entorno, perciben las cosas de manera diferente cada una. En mi opinión, somos Permisivas o Restrictivas desde nuestro nacimiento; es el filtro a través del cual vemos a nuestra familia.

Pero divertido o no, *tanto* la conducta restrictiva como la permisiva son reliquias desfasadas e irrelevantes de comportamientos que actualmente no tienen ningún valor en nuestras vidas. Como ya he dicho, son mecanismos de defensa. Son defensas de la infancia que estamos usando para protegernos de esas pérdidas que ya se han producido.

Restringir y permitir son subapartados de la compulsión por la comida, que es la metadefensa. Una compulsión es una forma de protegernos para no sentir aquello que nos parece insoportable, que consideramos intolerable. Es una compulsión porque nos vemos impulsadas a engancharnos a ello.

Porque en el momento en que estamos actuando compulsivamente creemos que no tenemos otra opción. Y aunque de bebés y de pequeñas no podamos elegir nuestro entorno ni tengamos otras opciones cuando nuestros cuidadores son desagradables o violentos, de adultas tenemos todo un abanico de opciones. Un bebé puede girar la cabeza hacia un lado o hacia otro, eso es todo. Aunque los bebés y los niños pequeños no puedan aguantar demasiado sufrimiento sin descomponerse, las adultas con nuestros egos y sistemas nerviosos razonablemente intactos no tenemos que temer que el sufrimiento acabe con nosotras. Cuando utilizamos mecanismos de defensa que desarrollamos hace veinte o cincuenta años, nos quedamos congeladas en el pasado. Perdemos contacto con la realidad. Vivimos una mentira.

Las Restrictivas controlan. Las Permisivas se aletargan. Ambas hemos tenido brillantes estrategias de defensa para hacer frente al sufrimiento cuando éramos totalmente dependientes de otras personas o no podíamos actuar en nombre propio. Pero como ser vulnerable y abierta ya no significa avergonzarse, sentirse rechazada, maltratada o herida, permitir y restringir ya no son buenas estrategias de adaptación. Al seguir aplicando nuestras defensas del pasado a nuestra realidad actual, creamos la ilusión de que lo que era entonces es también ahora. Nos perdemos las siempre brillantes posibilidades del presente.

Jill Bolte Taylor, una neuroanatomista de Harvard, habla de la euforia que sintió cuando durante su accidente cerebrovascular, el hemisferio izquierdo empezó a funcionar con pensamiento lineal y dejó de utilizar el pasado para guiar su presente. Cuando ya no existía el recuerdo de cómo eran las cosas, no había concepto del yo, ya no existía ni el yo ni el tú. No había separación entre las moléculas de una mano y las de un fregadero o una hoja de hierba. Sin el filtro del pasado impuesto sobre el despliegue momento a momento del presente, sólo había paz, resplandor, conciencia y una profunda admiración ante la propia existencia.

Los maestros espirituales han hablado de esa misma posibilidad, pero sin el accidente cerebrovascular, durante miles de años: han hablado de la experiencia de beatitud que se produce al reencontrarte contigo mismo. Cuando no reconstruimos el pasado cada nanosegundo, el presente es tan satisfactorio, tan maravilloso, tan increíblemente simple que una vez lo has saboreado lo cambia todo, porque entonces descubres todas las posibilidades y no te conformas con menos.

En las reuniones de fin de semana que organizo con veinte alumnas de mis retiros, les pido que traigan su comida favorita para compartirla, y les digo que yo pondré el plato principal y el postre.

Llevo un salmón entero hecho a fuego lento y un pastel de chocolate. (En lo que a mí respecta, eso podría ser toda la comida, aunque no descarto que se incluyan verduras y algunas hojas de lechuga.)

Se nota el entusiasmo en la sala. ¡Comida! ¡Comer! ¡Sí! Cuando todo el mundo ha terminado de poner su comida sobre la mesa, tenemos ocho barras de pan, dos quesos enteros, cinco paquetes de galletas saladas, dos cajas de dulces, una ensalada, una bolsa de zanahorias *baby*, una caja de tomates *cherry*, el salmón y el pastel de chocolate.

Las Restrictivas sólo quieren comer lo que han traído ellas: los tomates *cherry*, las ensaladas y las zanahorias, y están enfadadas conmigo porque he llevado el pastel de chocolate.

—Se supone que estamos trabajando, que estamos revisando nuestros *problemas*, no hemos venido a divertirnos —dice una de ellas.

—¿Cómo voy a disfrutar de mi comida con esa *cosa* mirándome? —dice otra.

Pero las Permisivas están emocionadas.

—¿De dónde has sacado este pastel? ¿Crees que lo mandarían a Wyoming?

—¿Cuánto podemos comer?

—Sólo puedo tomar pedacitos pequeños cada vez, pero ¿puedo cortar varias porciones para comérmelas durante las próximas horas? —dice otra que acaba de someterse a una operación de banda gástrica.

No hay como tener un pastel de chocolate a pocos centímetros de distancia para destapar tu miedo al caos o tu deseo de fusionarte con él.

Ésta es la razón por la que la adicción a la comida —y por consiguiente a permitir y restringir— es una puerta hacia lo que Jill Bolte Taylor denomina la euforia del presente. En el momento en que eres capaz de distinguir entre seguir tu impulso para alejarte del presente a través de engullir o pasar hambre y ser consciente de ese impulso de huir, ya no eres prisionera de tu pasado.

La compulsión está reñida con ser consciente de la misma, puesto que la primera depende de la no existencia de la segunda. Al ser consciente del deseo de atiborrarte sin llegar a hacerlo, has regresado de tu viaje al pasado y has llegado al presente: a tu yo que es consciente del pasado sin identificarse con él. Una vez que estás aquí en el presente, puedes empezar a preguntarte cómo te sientes, qué te parece, qué aspecto tienes. Puedes darte cuenta de cosas que nunca habías visto antes. Es como si de pronto advirtieras que tu música favorita ha estado sonando durante horas, pero has estado tan entretenida viendo vídeos en YouTube que no has oído ni una nota. O como ir a pasear al bosque con auriculares y el iPod y darte cuenta luego de que te has perdido el sonido del crujido de las hojas, el canto de los pájaros y el olor de la secuoya.

Los comienzos siempre implican ser consciente de dónde estás y de lo que haces. Sin intentar estar en otra parte. Sin intentar, como les digo a mis alumnas, cambiar ni un solo pelo de su cabeza. Estás sentada delante de un pastel de chocolate y te das cuenta de que lo quieres todo ahora. En este momento no te preocupa si revienta la banda que te han puesto en el intestino durante la operación. No te importa si el resto del grupo recibe su ración. Lo quieres todo.

Buena cosa a observar. No te juzgas. No piensas en que desearlo todo implica algo sobre el tipo de persona que eres. No te dices lo egoísta que eres, ni que si las demás se enteraran de que lo quieres todo te echarían de la sala. Nada de eso. Vuelves al presente, y como tu cuerpo está justo aquí, en el presente, puesto que el hambre o la falta de apetito también están aquí, te preguntas si tienes hambre. Sencillo. *¿Tengo hambre?*

Puesto que las Permisivas utilizan la comida para olvidarse de sus cuerpos, no suelen manejar el lenguaje de tener hambre y estar llenas. Comen porque está ahí y porque les apetece, no porque sus cuerpos les estén hablando. El antídoto para no abandonar el cuerpo es, como de costumbre, primero ser consciente de que lo has dejado y luego volver a él lentamente y con suavidad. Empieza por observar una respiración, luego otra. Sé consciente de cualquier tensión que haya en tu cuerpo. Mueve los pies. Siente la superficie de la silla en la que estás sentada o del suelo sobre el que estás de pie. Poco a poco, las Permisivas tienen que comenzar a distinguir si tienen hambre o están llenas. Han de empezar el proceso de vivir en sus piernas, brazos, vientres.

Las Restrictivas saben cuándo tienen hambre (salvo cuando esos patrones rozan los extremos de la anorexia y las comilonas) y cuándo han comido suficiente. Pero comer lo que les apetece no se les suele ocurrir. Desear algo les da miedo, significa perder el control y empiezan lentamente reconociendo los alimentos que les gustaría comer, aunque no se encuentren en la lista de alimentos recomendados. Un yogur entero, por ejemplo, suele hacer que una Restrictiva suspire horrorizada. La nata montada puede provocar el escándalo. Pero tal como les recuerdo a las Restrictivas con las que trabajo, sólo estamos hablando de comida. Si la idea de un poquito de nata montada tiene el poder de hacer tambalear a su supuestamente bien forjado yo, tendrás que descubrir quién crees que eres. ¿Eres la niña que cree que ha de controlar su entorno para que todos sean felices y poder estar a salvo? ¿Eres la que cree que cuanto menos tenga, menos perderá? Cuando entiendes que te estás tomando por una niña que ya no existe, es como sacarte los auriculares de las orejas y darte cuenta de golpe del zumbido del colibrí de cuello rojo. Empiezas el proceso de observar lo que realmente hay. Lo que hay aquí, ahora.

Unas pocas palabras más sobre las etiquetas.

Todas somos Permisivas y Restrictivas. Una Restrictiva se convierte en Permisiva cuando se da un atracón. Una Permisiva se convierte en Restrictiva cada vez que decide que va a seguir un régimen, aunque esa decisión dure sólo un par de horas.

Asignar nombres a una conducta humana compleja y multidimensional es conveniente, pero también puede alejarnos de un entendimiento más profundo del patrón al que nos estamos refiriendo. Nos sentimos atraídas por las etiquetas porque ser vistas y encontrarnos dentro de alguna descripción siempre supone un consuelo. Pero muchas veces acabamos explicando nuestra conducta con un «Oh, sí, he comido de este modo porque soy Virgo con ascendente Escorpio, hija de un alcohólico, del tipo seis según el eneagrama y también soy Permisiva». Las etiquetas se pueden convertir en excusas para la pereza: «No tengo por qué sentir curiosidad por lo que hago porque ya sé las razones de mi conducta: soy Restrictiva. Si soy estricta con lo que como, es porque a las Restrictivas nos gusta la estructura. Problema resuelto». Lo que se originó como una forma de hallar similitudes en una compleja lista de conductas se convierte en una forma de menospreciar esa misma conducta como si por ponerle la etiqueta ya se conociera o se comprendiera.

En mis cursos introduzco el concepto Restricción-Permisión respecto a la adicción a la comida porque ayuda a revelar patrones que nos han resultado desconcertantes o dolorosos. Pero cuando mis alumnas empiezan a mezclarlo todo en el intento de que su conducta encaje en una de esas categorías o utilizan las etiquetas para justificar su forma de comer, les digo que se olviden de las palabras *Permisiva* o *Restrictiva*.

Si estas clasificaciones te sirven para revelarte algo sobre tu relación con la comida que te ha estado rehuyendo, utilízalas. Si las etiquetas te confunden, si acabas discutiendo con ellas (o conmigo) porque no te identificas plenamente con una de ellas, recuerda que sólo son dedos apuntando al cielo, no el cielo.

12

Si el amor hablara

Cuando entendí lo fácil que era terminar con la adicción a la comida —comer lo que te pide tu cuerpo cuando tienes hambre, dejar de comer cuando ya has comido suficiente—, sentí como si hubiera abandonado la vida tal como la conocía y de pronto me hallara en otra galaxia. Como si hubiera estado intentando caminar por arenas movedizas con botas de plomo y ahora estuviera planeando por un mundo donde no existiera la gravedad, y lo único que hice —lo único que se ha de hacer— fue sacarme las malditas botas.

Estaba segura de que cuando corriera la voz, cuando la gente se diera cuenta de que ya tenía la respuesta a sus conflictos con la comida, la multimillonaria industria de las dietas se vendría abajo. Conseguiríamos nuestro peso natural, no nos moriríamos por consumir, pasaríamos a desmantelar los armamentos nucleares, dejaríamos de depender del petróleo y descubriríamos soluciones no quirúrgicas para el párpado caído. Por el contrario, la gente me miró con recelo —¿Hambre? ¿Qué tiene que ver el hambre con comer?— y distintos grados de hostilidad. Regis Philbin, días antes de que mi personaje favorito, Hayley, es decir Kelly Ripa de *All*

My Children, se convirtiera en copresentadora de su programa, puso los ojos en blanco y me dijo:

—¡Venga! ¿Me estás diciendo que si quisiera comer *sundaes* con sirope de caramelo cada día durante tres semanas podría hacerlo y me adelgazaría?

—Mmm, bueno, sí, algo así —respondí. Regis se estaba quedando anonadado, momentáneamente sin habla. Además de esperar una respuesta, probablemente se estaba preguntando si yo podía pronunciar una palabra que tuviera más de dos sílabas. Pero ahora, unas décadas después, ésta es mi respuesta: si realmente escuchas lo que te dice tu cuerpo (no tu mente), descubrirás que no desea un régimen de tres semanas comiendo *sundae* con sirope de caramelo, a pesar del deseo y la saliva que genera el mero hecho de mencionarlo. Además de las necesidades de nuestro cuerpo de tomar otros alimentos que no sean nata y sirope de caramelo, también esta el hecho de que cuando te dices que puedes tenerlo, en cuanto eliminas el tabú, los *sundaes* con sirope de caramelo se convierten en algo tan vulgar como las sardinas. Pregúntale a cualquier mujer que se haya enamorado de un hombre casado o de alguna otra persona con la que la relación fuera imposible y te hablará de esta pérdida de gracia. Pregúntale por la pasión (y ausencia de la misma) cuando el susodicho amante deja de ser un tabú y de pronto consigue lo que se pensaba que no podría tener jamás. Tanto en el amor como en la comida, se produce el axioma de que conseguir lo que deseas nada tiene que ver con desear lo que no puedes conseguir.

La mayoría nos hemos obsesionado tanto con la intransigencia del problema del peso-y-la-comida que no podemos ver que gran parte de ello se debe a nuestra negación a sacarnos las malditas botas. Somos como las personas que participan en los experimentos de la ceguera por inatención, donde los participantes están tan concentrados mientras juegan a pasarse la pelota que ni se dan cuenta de que una mujer disfrazada de gorila pasa por su lado haciendo tonterías.

Las personas que estamos totalmente concentradas en la comida y el peso nunca tenemos en cuenta que estamos pasando por alto la solución más obvia. Nos decimos que la respuesta está fuera y que hemos de seguir buscando, que no nos rindamos nunca hasta que encontremos la respuesta correcta. Un mes va de alimentos blancos. Otro sobre la química cerebral. Encontrar el medicamento correcto. El gen de la grasa. La adicción al azúcar. Comer los alimentos favorables para nuestro grupo sanguíneo. Alimentos que alcalinizan o acidifican nuestro organismo. Aunque tener en cuenta uno o más de estos aspectos pueden suavizar nuestra lucha, utilizamos la búsqueda de respuestas para abdicar de nuestra responsabilidad personal —y con ello, todo lo que se parezca al poder— respecto a la comida. Bajo cada frenética tanda de apasionada implicación en la nueva respuesta, se encuentra la misma falta de interés en mirarte tus propios pies. La misma convicción de que «No tengo ningún poder para hacer nada al respecto». Queremos acabar con el tema y que nos arreglen de una vez. Pero como la respuesta no está donde la buscamos, nuestros esfuerzos están destinados al fracaso.

Liberarse de la obsesión no se basa en la acción, sino en saber quién eres realmente. Se trata de reconocer qué es lo que te agota y lo que te sustenta. Lo que te gusta y lo que crees que te gusta porque piensas que no puedes tenerlo.

Durante los primeros meses de planear por aquí y por allá sin mis botas de plomo, cualquier alimento o forma de comer (en el coche, de pie, a escondidas) me dejaba atontada, me quitaba energía o hacía que me sintiera fatal conmigo misma, perdía su atractivo. En la otra cara de la luna, en la galaxia sin gravedad, era evidente que comer siempre se basaba en lo mismo: nutrir el cuerpo. Y este cuerpo quería vivir. A este cuerpo le encantaba estar vivo. Le encantaba moverse con facilidad. Le encantaba ver, oír, tocar, oler, saborear; y la comida era un gran medio para ello. La forma de comer era otra manera de volar.

En el apéndice «Directrices para comer» describo lo que es comer cuando este acto se convierte en otra forma de volar. Cuando es relajante y nutritivo, sin enganches y saludable. En mis primeros libros hablé mucho sobre las Directrices, luego otros autores han hecho sus propias versiones de las mismas y la industria de la dietética se ha apropiado de ellas, pero a pesar de todo siguen siendo los indicativos fundamentales para comer con intuición, a la vez que son unos medios fascinantes para darnos cuenta de cómo comemos y, por consiguiente, de cómo vivimos.

Las Directrices no siempre me parecieron tan convincentes. Al principio, cuando las enseñaba, me parecían un conjunto de instrucciones aburridas, pero necesarias, sobre cómo liberarse de la adicción a la comida. Me había tragado la creencia popular de que la obsesión por la comida era un problema femenino banal, que se tenía que arrancar como si fuera una garrapata, para poder concentrarnos en asuntos espirituales, intelectuales y políticos más importantes. Pero tras ver tanto sufrimiento en tantas mujeres, creo que el hecho de que más de la mitad de las féminas de este país se estén hundiendo en las arenas movedizas de la obsesión por la comida *es* un asunto espiritual, intelectual y político; lo que significa que las Directrices son una práctica espiritual. Si esas mujeres pudieran librarse de su sufrimiento (empezando por permitirse utilizar la comida como una ayuda no como un castigo) y se dijeran la verdad sobre sus vidas —parafraseando a la poeta Muriel Rukeyser—, se les abriría el mundo.

Y un poco de apertura en el mundo puede hacer mucho, puesto que nuestra «objetización» del asunto —incluidos los cuerpos de las mujeres— es la causa parcial del desastre apocalíptico en el que ahora nos encontramos. En vez de tratar a nuestros cuerpos (y al cuerpo de la tierra) con respeto, lo maltratamos, intentamos doblegarlo a nuestra voluntad. Visto el precipicio del que estamos colgando, podemos dar por sentado sin riesgo a equivocarnos, que lo que estamos haciendo no funciona.

Las Directrices ofrecen otra opción.

Cada una tiene su equivalente, que nada tiene que ver con la comida, su dimensión «espiritual» o más allá de las apariencias. Por ejemplo, puedes esconder la comida, ocultar lo que comes a tus amigos y familiares, pero también puedes ocultar tus verdaderos sentimientos. Puedes mentir a las personas sobre tus creencias, lo que deseas, lo que necesitas. Y puedes contemplar tu vida viendo cómo vives o qué comes. Ambas cosas son caminos para descubrir lo que hay debajo y lo que está más allá de la comida: aquello que nunca ha tenido hambre, que nunca se ha dado un atracón, que nunca ha engordado o adelgazado ni un kilo.

Aunque las Permisivas y las Restrictivas se plantean los consejos (de una persona) y las normas (como, por ejemplo, las Directrices para comer) de un modo radicalmente opuesto, se han de examinar ambas reacciones: el seguimiento ciego de las normas y el rechazo visceral a todo tipo de guía. Tanto las Permisivas como Restrictivas necesitan algún tipo de guía —hasta uno tan *light* como las Directrices para comer— para vadear las turbias aguas de la compulsión. Aunque es muy bonito decir: «Déjate en paz. Tu verdadera naturaleza sabe lo que ha de hacer», muchas veces eso significa caer en tus arraigados hábitos de comer. Lo que se traduce en la forma habitual en que ayunas o te cebas.

Muchas veces recibo cartas de Restrictivas convertidas en Permisivas que se han quedado estancadas en la rebelión contra todos los años que han seguido las instrucciones sobre qué, cuándo y cuánto comer. Están tan asqueadas de todo lo que se parezca a una norma o régimen alimenticio como apegadas estaban antes. De un modo o de otro, siguen sin ser libres porque la norma todavía determina su conducta.

Cuando las Permisivas se rebelan contra las normas o cuando las Restrictivas se vuelven Permisivas y también se rebelan contra las normas, no son éstas las que están causando estragos, sino la forma en que las interpretan. Las historias que se cuentan sobre esas instrucciones. Cómo definen el fracaso y el éxito. La personalidad con la que se identifican. La importancia que le dan a perder o ganar peso. *Me moriré si no como cada vez que tengo hambre durante los próximos doce años; soy una auténtica fracasada, ni siquiera puedo darme cuenta de cuándo tengo hambre.*

Las alumnas de mis retiros me han enseñado que, por mucho que lo adorne, dar instrucciones a las personas sobre cómo han de comer —aunque eso implique confianza y mucho chocolate— siempre es un poco arriesgado. Las Directrices, a pesar de ser indicadores de relajación y libertad, suelen verse como un conjunto más de normas que hay que seguir. Un conjunto más de normas que desechar. Siete formas más de rebelarse.

Hace unos años, durante un descanso para comer, tras haber estado hablando de las Directrices durante tres horas, entré tranquilamente en el comedor donde las participantes se estaban abalanzando sobre la comida de un modo que sólo puedo describir como frenesí por la comida. Mis queridas alumnas apilaban tantos alimentos en sus platos que la famosa escena de la comida en la película *Tom Jones* parecía un anuncio de la anorexia.

Cuando me di cuenta de que mi cuidado discurso sobre las Directrices no tenía mucho éxito en el departamento del seguimiento, toqué una campana y les pedí a todas que dejaran sus cubiertos. (Advertencia: no intentes hacer esto con tus amigos o familiares. Salvo que las personas te estén pagando por interrumpir su comida, corres el riesgo de que te peguen un tiro como a un alce en Balmoral si te interpones entre los famélicos comensales y su comida. Hasta mis asistentes —buenas amigas— me miran con furia cuando toco la campana de «dejad vuestros cubiertos».)

Desde ese fatídico mediodía, dedicamos al menos una o dos comidas al día a la exploración activa de los alimentos que tenemos en nuestros platos, pero ésa fue la primera vez. Tras desviar un aluvión de miradas viperinas y un alto y resonante «¡No!», fui directamente al grano: «Hemos pasado la mañana revisando los detalles de las sensaciones de tener hambre y de estar llena, y hemos hablado de las señales corporales; concretamente las Directrices para comer. Y me gustaría saber de qué os está sirviendo en estos momentos».

A estas palabras siguió un silencio sepulcral. Entonces una persona tuvo el valor de decir: «¿Qué Directrices para comer?» Otra dijo: «Ah, *aquéllas*. ¿Qué tienen que ver con la hora de comer?»

Al día siguiente, en un intento de aplacar la rebelión contra lo que percibían como un conjunto de normas que se enmascaraban bajo el apelativo de Directrices, empecé a llamarlas las Instrucciones de si el amor hablara. Les dije: «Si el amor os pudiera hablar sobre la comida, diría: "Come cuando tengas hambre, cariño, porque, si no lo haces, no disfrutarás del sabor de la comida. ¿Y por qué has de hacer algo con lo que no disfrutas?" Si el amor pudiera hablarte, te diría: "Come lo que te pida tu cuerpo, querida, de lo contrario no te sentirás tan bien, y ¿por qué has de ir por ahí cansada o deprimida por lo que te has puesto en la boca?" Si el amor hablara, pastelito de nata mío, te diría: "Deja de comer cuando ya estés llena, de lo contrario te encontrarás mal, y ¿por qué has de tolerar ni un solo minuto de malestar?"»

Les gustó.

Se rieron. Comprendieron que en realidad eso era lo que pretendían las Directrices: enseñar el arte de respetarse a sí mismas a través de la comida.

Aun así se rebelaron.

Me enseñaron que la adicción a la comida suele encubrir un suicidio bocado-a-bocado. Escuchas las Directrices (o las Instrucciones de si al amor hablara, lo que prefieras) y piensas: «¡Vaya, si pudiera hacerlo!» Luego te das cuenta de que te gusta comer a escondidas, y que no puedes dejar de mirar la nevera, y que quizá ser compulsiva no sea tan malo. Pero cuando vislumbras la posibilidad de liberarte, de saborear la comodidad de planear, ya no puedes hacer marcha atrás. Cuando tienes ese conocimiento, no puedes ignorarlo.

Pero...

El amor habla, pero puede que no te apetezca escuchar. Cualquier día, en cualquier momento, puede que te interese más utilizar la comida como droga, y comerte todo el pastel. Así va a ser durante un tiempo. Te recomiendo que vayas poco a poco. (Si conviertes estas instrucciones en otro proyecto que has de emprender —como ir al gimnasio cinco días a la semana sin haber hecho nada en seis años—, te hartarás enseguida y tirarás la toalla.) Observa con qué instrucciones te sientes identificada y cuáles prefieres olvidar. Elige la que más te atraiga. Sé consciente de ella durante la semana. Date cuenta de lo que significa seguirla y cuáles son las consecuencias de no hacerlo.

Confía en el proceso, confía en tu anhelo de libertad. Al final, no querrás hacer nada que interfiera con la creciente claridad que asociarás a estar viva. Y puedes estar segura de que cuando una mariposa agita sus alas en una parte del mundo provoca un huracán en la otra; cada vez que una mujer consigue sintonizar el comer con relajarse, cada vez que se saca sus malditas botas, abre todo un abanico de posibilidades para el resto.

13

Ser una copa de helado
con sirope de caramelo

Las Directrices para comer son como las muñecas rusas, justamente lo que parecen ser, a la vez que se abren incesantemente hacia otros mundos. Por ejemplo, puedes interpretar la directriz de «Come lo que te pide el cuerpo» sólo en relación con la comida. Se va a producir una notable progresión: puede que empieces arremetiendo con todo lo que veas y que luego te des cuenta de que todo lo que está al alcance de tu vista es una reacción, una rebelión contra la norma implícita de que no puedes comer todo lo que deseas. Pero cuando te dices que puedes comer lo que quieras, la norma se viene abajo, y con ello cualquier reacción asociada a la misma. Descubrirás que paulatinamente vas buscando los alimentos que tu cuerpo y tú deseáis. Los alimentos que te dan energía, que te despiertan y te nutren. Cuando te das cuenta de que puedes sentirte bien sin comer ciertas cosas e incluyendo otras, la compulsión empieza a desaparecer, porque has encontrado algo mejor: recuperar tu vida. La progresión de comer desmesuradamente a comer para nutrir tu fuerza vital varía en cada persona, pero si te das cuenta de que durante unas semanas te estás comiendo todo lo que no te come a ti primero, es que estás usando esta directriz para hincharte a comer.

Comer lo que te pide tu cuerpo también incluye desear, es decir, anhelar —una expresión del deseo del corazón—, lo que incluye anhelar la belleza y el querer saber qué hay más allá de las apariencias. «Todo deseo (de amor, de que vean cómo realmente eres, de tener un coche rojo nuevo) —escribe John Tarrant— es querer encontrar la misteriosa profundidad de las cosas y ser transportado hasta ella.» Una vez, un niño le escribió una carta a Albert Einstein: «Quiero saber qué hay más allá del cielo. Mi madre me ha dicho que tú podrías decírmelo». Al resumir toda nuestra búsqueda en algo tan tangible como el pudín *butterscotch*, acallamos el anhelo de poesía y de lo sagrado en nuestras vidas y nos resignamos a vivir con el corazón sellado. La sencilla directriz de «Come lo que te pida el cuerpo» empieza por sacar a la luz lo que has ocultado toda tu vida.

Una alumna de uno de mis retiros escribió:

Cada vez que como, es como confirmar el conocimiento secreto de que en el fondo soy una chica mala, que el amor y la belleza no son para mí, que estoy sola y condenada a permanecer en este purgatorio. Me defiendo bien en la vida, desarrollo un buen trabajo en el mundo, soy una persona comprometida con su comunidad, pero mi destino es regresar siempre a la fría y dura verdad de esta árida soledad y de las limitaciones inherentes de mi vida. A pesar de la realidad de que hay tantas cosas a mi alcance, sigo comiendo en exceso para prohibirme tenerlas y también para consolarme porque siento que no me las merezco o que no se me permite tenerlas.

Comiendo reafirmo mis creencias. Una de las cosas que observé el domingo durante nuestra meditación en la comida fue la opresión que sentía en mi pecho —mi corazón— cuando comía. Me sentía mal comiendo, y tenía la sensación de que alguien me la iba a quitar o que sería yo misma quien lo hiciera, así que era yo misma quien me oprimía. Es como si me hubiera construido un muro alrededor del corazón que nadie pudiera atravesar, donde no pudiera haber ninguna intimidad. Mantengo alejadas a las personas y una de las formas de hacerlo es comiendo.

Estoy empezando a entender que toda esta lucha con la comida nada tiene que ver con la disciplina, el autocontrol o con negociar conmigo misma; ni siquiera con la propia comida. Es un asunto —muy poderoso— sobre amar, desear y tener.

Durante las primeras semanas que estuve comiendo todo lo que me apetecía, confundí lo que no me había permitido comer sin sentirme culpable con lo que realmente quería mi cuerpo. Puesto que había estado haciendo dieta durante diecisiete años, mi lista de alimentos prohibidos era larga. (Aunque engullí casi el mismo tiempo que hice dieta, las comilonas nunca eran gratuitas. Tras el segundo o tercer bocado, se convertían en ejercicios de autotortura y culpa, como cortarme con un cuchillo o darme contra las paredes. Cada exceso me dejaba asustada, desesperada y enferma.)

Cuando me decía que ahora podía comer lo que quisiera sin condiciones —sin la amenaza de iniciar una dieta cualquier lunes por la mañana durante el resto de mi vida—, iba directamente a los alimentos que en mi infancia no me dejaban comer. Era como si permitiéndome comer lo que no pude comer de niña, podría conseguir lo que nunca obtuve. Como si rehaciendo el aspecto culinario de la historia, pudiera reescribir la trama en la que empezó todo; comiendo helado en lugar de leche helada y galletas en vez de Graham *crackers*, secretamente planeaba vivir una segunda infancia, con June y Ward Cleaver como padres*.

Y tal como ya he dicho antes, estaba tan eufórica por mi resolución de no volver a hacer dieta que no me di cuenta de que iba dando tumbos dentro de una nube de azúcar, al nutrirme solamente de galletas de chocolate. Tenía que probarme a mí misma que lo que más deseaba no estaba prohibido, pero lo que no entendía era que en realidad no quería las galletas, sino el sentimiento que me proporcionaba permitirme comerlas: aceptada, merecedora y adorada.

Nunca ha sido cierto, en ninguna época ni lugar, que se midiera el valor de un alma, del espíritu humano, de acuerdo con el número que marca una báscula. Somos seres de luz, espacio y agua irrepetibles, que necesitan estos vehículos físicos para desplazarse. Cuando empezamos a definirnos por lo que se puede medir o pesar, se rebela algo en nuestro interior.

---

* Personajes de la serie *Leave it to Beaver*. (N. de la T.)

Nuestro afán de *comer* copas de helado con sirope de caramelo no supera el de que nuestras vidas *sean* copas de helado con sirope de caramelo. Queremos entendernos a nosotras mismas. Queremos asombro, placer y pasión, y si por el contrario nos hemos rendido, hemos abandonado nuestros anhelos, hemos dejado atrás la posibilidad, sentiremos un vacío que ni siquiera podremos nombrar. Sentiremos como si nos faltara algo, porque falta algo —la conexión con la fuente de dulzura, amor, poder, paz, alegría y silencio—. Puesto que una vez la tuvimos —nacimos con ella—, no puede evitar rondarnos. Es como si nuestras células recordaran que nuestro hogar es un palacio de piedras preciosas, pero hemos estado viviendo como mendigas durante tanto tiempo que ya no estamos seguras de si el palacio era un sueño. Y si era un sueño, al menos podemos comernos su recuerdo.

Durante los primeros bocados, antes de quedarnos atontadas por comer en exceso, todo lo que deseamos es posible. Todo lo que hemos perdido está aquí y ahora. Entonces buscamos la versión concreta de nuestro yo perdido en la comida. Y cuando la comida se ha convertido en sinónimo de bondad, amor o realización personal, no podemos hacer otra cosa que elegirla, por mucho que nos arriesguemos. No nos importa que nuestro médico nos diga que no sobreviviremos otro mes con este peso. Porque cuando estamos perdidas, cuando no tenemos hogar, cuando hemos pasado años separadas de nuestro verdadero yo, las amenazas de insuficiencia cardiaca o presión en las articulaciones no nos impresionan. Morir no nos asusta, porque ya estamos medio muertas.

El príncipe de la novela clásica de Mark Twain, *El príncipe y el mendigo,* aunque iba vestido con harapos no dejaba de proclamar: «¡Soy el rey, soy el rey, no podéis controlarme!» Reivindicaba firmemente su linaje, a pesar de que nadie le creía, aunque le encerraron en la cárcel. Pero la mayoría hemos pasado tantos años cuestionándonos nuestro derecho a ocupar un espacio que sólo conocemos una forma de hacernos escuchar: «¡Soy la reina, soy la reina, no podéis controlar lo que como!» Tras años de confuso ayuno espiritual y físico, y de decirnos a nosotras mismas que somos lo que pesamos, estamos tremendamente sensibilizadas a lo que nos dicen sobre qué, cuándo y cuánto hemos de comer. Es como si, a algún nivel, nuestro infinito aunque inconsciente resplandor asomara la cabeza y dijera: «No me voy a quedar encerrado. No me vas a reprimir».

La parte más comprometida de cualquier sistema que trate con temas relacionados con el peso es que, a menos que también haga referencia a esa parte de ti que quiere algo para lo que no tienes palabras —el corazón de tu corazón, no el tamaño de tus muslos—, no funcionará. No queremos estar delgadas porque la delgadez sea revitalizante, encantadora o saludable. Si eso fuera cierto, no habría tribus en África donde las mujeres son gordas, regias y longevas. No habría habido matriarcados donde se adorara la fecundidad femenina y la generosidad de las carnes. Queremos adelgazar porque la delgadez es la supuesta moneda de cambio de la felicidad, la paz y la satisfacción en nuestra época. Aunque esa moneda sea una mentira —la prensa rosa está llena de celebridades delgadas y desgraciadas—, la mayor parte de los sistemas para perder peso fracasan porque no cumplen su promesa:

adelgazar no hace feliz a la gente. Ni les da paz. Ni satisfacción. Estar delgada no llena el vacío que no tiene forma, peso o nombre. Hasta una dieta infalible es un gran fracaso porque dentro del nuevo cuerpo está el mismo corazón roto. El hambre espiritual nunca se puede resolver en el plano físico.

Un famoso maestro zen dijo: «No existe lo correcto. No existe lo incorrecto. Pero lo correcto es lo correcto y lo incorrecto es incorrecto».

Lo mismo sucede con las Directrices para comer. Seguirlas no te garantiza que no vuelvas a comer impulsada por las emociones el resto de tu vida. Pero tampoco puedes liberarte de tu adicción a la comida sin seguirlas. La comida tiene un efecto directo en nuestro apetito y voluntad para indagar, discernir lo que es cierto y hacer el trabajo de regresar a nosotras mismas, a lo que amamos. La comida —como materia que se convierte en espíritu— es la conexión directa entre lo físico y lo espiritual, entre lo que nos llevamos a la boca y lo que sentimos en nuestro corazón. La pasión, la fuerza, la felicidad no encuentran lugar en cuerpos agotados, sobrecargados y medio muertos.

En mis talleres hacemos un ejercicio de comer muy sencillo: cada persona recibe una tacita con tres alimentos diferentes. Un día es una uva, una galleta Graham y un trozo de chocolate sin leche Dove. El día anterior ha sido un Hershey's Kiss*, un pincho de tortilla y dos uvas pasas. He estado ha-

---

* Bombones típicos norteamericanos, de forma cónica y envueltos en papel dorado. (*N. de la T.*)

ciendo una versión de este ejercicio desde que empecé a enseñar, y siempre —todas y cada una de las veces— el efecto es sorprendente, porque cuando sólo comes una cosa de algo, lentamente, mirándolo, exponiéndolo a la luz, frotándotelo por los labios, moviéndolo por toda la boca, todas las esperanzas, sueños y fantasías que has puesto en la comida salen a la luz. Una persona dijo: «Con uno me basta, pero cuando pienso en el resto que queda en la bolsa, tengo la sensación de que me estoy perdiendo mucho. Como si mi gran amor me estuviera esperando y le estuviera rechazando al comerme sólo uno de los alimentos». Ambas sabíamos que lo que estaba diciendo no era literalmente cierto. Que si se comía la bolsa entera, no perdería el amor, sino toda posibilidad de sentirse bien. Sin embargo, sus creencias respecto a pasar hambre y estar llena estaban tan conectadas con la comida que, a menos que estuviera dispuesta a sentir curiosidad por lo que representaba la comida, seguiría creyendo que esa bolsa de Hershey's Kiss contenía el camino hacia la tierra prometida.

Has de estar dispuesta a llegar hasta el final, para entender que la comida es un sustituto del amor, de la posibilidad y de cualquier cosa que puedas denominar verdadera naturaleza o Dios. De lo contrario, seguirás engordando y adelgazando durante el resto de tu vida. Seguirás estrujándote las manos, lamentándote y sintiendo que eres una víctima. Y aunque, como les digo a mis alumnas, no estarás sola si eliges ese tipo de vida —la mayoría de las personas se enfrentan a la comida y al peso de ese modo—, al menos es útil comprender que la elección es tuya. Has de decidir lo que quieres hacer con «tu preciosa y fabulosa vida», tal como escribe Mary Oliver.

Las Directrices para comer parecen una lista de tareas pendientes —y, en cierto modo, así es—, pero también son una descripción de una libertad sin límites que está siempre a un bocado. Las Directrices son el camino hacia una vista panorámica, pero también son la increíble vista. Son el medio para poner fin a la obsesión por la comida y son descripciones de lo que se siente cuando lo consigues. Siempre son ciertas porque describen la verdad cuando ésta se expresa a través de la comida.

Vivir de acuerdo con estas Directrices es una práctica espiritual en sí misma porque requiere estar presente, ser consciente y la inmediatez de vivir el ahora para poder seguirlas. Siempre les digo a mis alumnas que si al principio, lo único que pueden hacer es ser conscientes de las Directrices cuando comen —aunque sólo sea durante cinco minutos— conectarán con lo que trasciende sus deseos y sus respuestas condicionadas a las privaciones y las viejas apetencias. Cuando experimentan esa parte «espiritual» de ellas mismas con la comida, aunque sea sólo un momento, se despierta la tendencia natural a seguir indagando, descubriendo, contactando con ese lugar que no conoce el sufrimiento; que a fin de cuentas es la función de cualquier práctica espiritual.

Hace siete años, una alumna que participaba por primera vez en uno de mis retiros se autodenominó «semilla defectuosa». Era una escritora famosa, pero albergaba nefastos y conflictivos sentimientos respecto a su persona, y su peso era la expresión más palpable de ello.

Al cabo de unos pocos años de asistir a los retiros, «despertó» a sí misma. De pronto se dio cuenta de que podía elegir qué hacer con su tiempo y cómo vivir su vida. Aprendió a decir «no» a las personas cuya compañía no deseaba y a los lugares adonde no quería ir. «Hasta dije "no" a nuestras Cenas y Lamentos —un grupo de siete mujeres que se habían estado reuniendo anualmente durante veinte años para cenar juntas y lamentarse de sus muslos, brazos y vientres. Es como si de pronto me hubiera dado cuenta de que ya no tengo que demostrarle nada a mi madre. Y ahora mi vida es completamente distinta, es radiante —nos dijo—. Antes, sentirme bien no era una prioridad. No era importante. Ni siquiera algo que debía tener en cuenta. ¿Por qué alguien que se considera una semilla defectuosa iba a creer que se merece sentirse de maravilla? Pero ahora voy más despacio. Estoy siguiendo las Directrices, pero no porque sean las Directrices, sino porque es la única forma de comer que tiene sentido.»

Los maestros espirituales de todas las tradiciones hablan de una calma profunda que es la verdad pura de la auténtica naturaleza de todo ser humano; de todos. Pero se ha de fragmentar utilizando palabras y prácticas, porque es demasiado vasta para asimilarla, especialmente cuando las personas están totalmente convencidas de que su esencia es defectuosa. El propósito de un camino espiritual o de una religión es ofrecer una forma concreta y creíble hacia lo que parece increíble.

En el campo de la comida y del peso, las Directrices para comer son las dos cosas: la práctica física y la espiritual. Proporcionan una guía concreta en el mundo de vivir el presente, así como un camino concreto hacia el bienestar. Son descripciones de lo que podría ser comer si no tuvieras ningún problema con la comida. Escucharías a tu cuerpo. Comerías para nutrirlo. Te cuidarías a través de la comida. Las Directrices son justamente a lo que vas a llegar cuando estés harta de que te duelan las articulaciones, de ir arrastrándote. Las Directrices no son más que comprender que tu cuerpo es tuyo y que la comida puede ser un medio para ser tú misma. Después de todos estos años, de todas las dietas, de todos los kilos que has recuperado y perdido, y perdido y recuperado, después de comer para luego resistirte, rebelarte y luchar, te das cuenta de que, al final, comer puede ser —y siempre lo ha sido— para ti, sólo para ti.

14

El mantra
«¡Oh, mierda!»

Cuando *mahatma* Gandhi fue asesinado, sus últimas palabras fueron «*Ram, Ram*» (el nombre de una encarnación de Dios del panteón hindú). Llevaba tanto tiempo repitiendo este mantra que incluso cuando una bala atravesó su cuerpo, fue lo único que salió de sus labios. Según parece, el gran mantra norteamericano, lo primero que dice todo el mundo cuando se produce un accidente de coche, una crisis, una muerte, es: «¡Oh, mierda!»

—Oh, mierda. No quiero hacerlo.

—Oh, mierda. He de dejar de leer la revista *People* cuando esté comiendo.

—Oh, mierda. Ni hablar. No puedes hacerme...

La situación con la comida se ha instalado en nuestra mente en polos opuestos. O puedo comer lo que quiero, o no puedo. O la comida es divertida y como compulsivamente, o no lo es y me adelgazo. De una forma sufro, de la otra no. Oímos una Directriz e inmediatamente pensamos: «Privación. Problemas. No».

Yo no lo veo del mismo modo. Cuando una diabética me dice que no puede comer lo que quiere porque lo que le gusta la mataría (y por consiguiente siente que se priva de cosas), mi respuesta es que lo que la mataría es querer otro tipo de vida distinta de la que tiene. El infierno es la falta de conexión entre el pensamiento de querer comerse todo el pastel y la realidad de que comérselo le haría entrar en un coma diabético. No es la Directriz lo que se ha de revisar, es su lucha contra la realidad. No es comer lo que la está matando, sino negarse a aceptar su situación.

—La Directriz de comer sin distracciones no me funciona. No puedo digerir mi comida sin leer *The New Yorker* y no quiero dejar de hacerlo —dice una alumna de uno de mis retiros.

—Entonces, dime por qué has venido al retiro —le pregunto.

—Porque como en exceso, me siento mal y no puedo tomar las riendas de mi vida.

—¿Qué pasa cuando estás sentada en la mesa comiendo y leyendo?

—Bueno, estoy tan concentrada en lo que leo que no me doy cuenta de lo que como.

—Si leer y comer a un mismo tiempo te lleva a comer demasiado, y si comer demasiado te hace desgraciada, vuelve a decirme por qué necesitas leer mientras comes.

—Porque quiero —responde desafiante—. Porque me hace feliz. Porque vivo sola y me siento sola si no lo hago.

—Luego, lees para evitar sentirte sola.

—Sí, creo que sí.

—¿Y qué relación tienen comer sola y sentirte sola?

—Uf —exclama poniendo los ojos en blanco, como si quisiera decir: «¿Quién no sabe que las personas que viven y comen solas siempre se sienten solas?»

Silencio.

—Todo el mundo sabe que las personas que vivimos solas a los cincuenta y dos años somos unas perdedoras. Perdedoras absolutas. Cuando leo y como, no he de enfrentarme al hecho de ser una perdedora.

—Entonces, no es comer sola lo que te resulta tan doloroso, ni siquiera es el hecho de comer sola lo que automáticamente te conduce a la soledad. Es la historia que te cuentas respecto a comer sola lo que te resulta tan doloroso. Es la pesadilla que te vas repitiendo lo que hace que te sientas tan mal. Yo también me sentiría fatal si tuviera esa historia en mi cabeza.

—Espera un momento —dice—. No quiero que me hablen de dejar de leer el *The New Yorker* mientras como. Me gusta hacerlo.

—Está bien —le respondo—. No tienes que dejar de hacer nada hasta que estés dispuesta a ello. Y si leer y comer a la vez te gusta, no lo dejes. La finalidad de las Directrices es aportar más placer a la vida, no restárselo. Pero estaría bien que contemplaras toda la historia, no sólo una parte: comer y leer no sólo te aporta placer. También te provoca sufrimiento. No se trata de una situación de «esto o aquello».

Muchas veces la gente me dice que mi visión es demasiado estricta. Es duro ser consciente. Es duro comer sin distracciones. Es difícil dejar de comer cuando ya tienes suficiente.

Como digo, ser consciente puede resultar difícil porque implica desarrollar una nueva habilidad, pero no serlo también lo es. Las Directrices para comer pueden ser un reto porque ponen en tela de juicio hábitos familiares y reconfortantes, pero no seguir las Directrices —comer en el coche mientras hablas por el móvil, conduces, te pintas los labios, a la vez que intentas darle un bocado a la hamburguesa procurando que no te caiga kétchup por la chaqueta— también es un reto.

Lo mismo sucede con los sentimientos. Mis alumnas suelen decirme: «Pero si sigo las Directrices y no como para ahogar mi tristeza, he de sentirla, ¿y entonces qué?» Antes de responder al «entonces qué», les señalo que la tristeza ya está presente y que lo único que genera el comer es otra fuente de tristeza: cuando la comida ha desaparecido, la causa inicial de la tristeza, frustración o desesperanza respecto a su relación conflictiva con la comida sigue estando presente. Contrariamente a lo que les dicen sus fantasías, comer no les ha quitado su tristeza, sino que la ha duplicado.

Hay muchas formas de privarse de cosas: puedes privarte de comer galletas o de sentirte bien después de habértelas comido. Puedes privarte del sentimiento de tristeza o privarte de la confianza y el bienestar que surgen de saber que ésta no te destruirá.

La verdad es que comer de cualquier otra forma que no sea la que describen las Directrices implica una manera de comer en la que has sido secuestrada y mantenida como rehén por las viejas experiencias de privación, carencia y ausencia. Cualquier problema que tengas con las Directrices para comer está vinculado al pasado. A tu historia personal.

A una parte antigua de ti misma que está dispuesta a conseguir lo que no obtuvo antes, lo que le fue negado, a demostrar a todo aquel que quiera escuchar —a tus padres, a tu hermano, al novio del noveno— que merecía —y realmente lo merecía— ser observada, vista, amada o apreciada.

«Decidme qué edad tenéis cuando siendo diabéticas queréis azúcar. Cuando tenéis que leer y comer para espantar a los monstruos que acechan vuestra mente para que no arruinen vuestra vida. ¿Quién es la que quiere estar comiendo dulces sin parar? ¿Es la niña de cuatro años que tiene una pataleta? ¿Es la niña de ocho a la que le acaban de decir que está regordeta? ¿Quién está dirigiendo tu vida?»

No se trata de la comida. Nunca ha sido ése el verdadero problema. Ni tampoco se trata de los sentimientos, sino de lo que éstos ocultan. De lo que se encuentra entre medio. De lo que está más allá. Se trata de esas partes de ti que crees que eres tú. De esas partes de ti con las que te identificas. A veces les pido a mis alumnas que me hablen de esa persona a la que se refieren cuando dicen: «yo, mí, mío». Les pido que me hablen de sus necesidades, sus deseos, sus creencias. Y cada vez —el cien por ciento de las veces— la persona que describen es una construcción, una historia mental, una imagen fantasiosa. Se basa en la inferencia, en la historia personal y en el condicionamiento. Se basa en el personaje con el que se han identificado, el que han creado basándose en lo que les dijeron sus padres, en cómo han sido tratadas y en quién las ha amado o no. Con el tiempo, prevalece ese conjunto de deducciones que los psicólogos denominan «autorrepresentación» o autoimagen, y es la autoimagen con la que nos identificamos. Cuando hablamos de «sentirnos nosotras mismas», nos estamos refiriendo a esta compilación de recuerdos y a las reacciones que han tenido otras personas con nosotras (muchas se produjeron antes de que supiéramos cómo nos llamábamos).

Cuando me di cuenta por primera vez de que toda la definición que me había forjado sobre mí misma —esa persona que creía ser— era básicamente un producto de la imaginación de mis padres, me quedé atónita y sentí euforia. Había estado convencida durante tantos años de que no valía nada que dejé de cuestionármelo y crecí como los árboles, rodeando sus propias deformaciones.

Mi madre se había pasado años diciéndome que era egoísta y construí un monumento a la deficiencia basándome en la esencia de esa información. Pero cuando amplié la visión miope que tenía sobre el yo-mí-mío, vi a mi madre con veinticinco años y dos niños pequeños, un matrimonio sin amor y la necesidad desesperada de otro tipo de vida. Con la poca información que ella tenía, y haciendo lo mejor que sabía, me llamaba egoísta por querer más de lo que ella podía darme. Y como yo hubiera dado la vida por ella, y como todos los niños necesitan creer que sus padres tienen razón, me convertí en la suma de sus limitaciones. Me veía como una mujer solitaria, deprimida y preocupada, y jamás cuestioné mi lealtad a su visión. Luego estaba mi padre, que me veía como una rubia excéntrica y tonta. A lo de excéntrica y tonta le añades «egoísta, gorda y despreciable» y ya tienes quien he creído ser durante gran parte de mis cincuenta y tantos años.

Tanto los psicólogos como los maestros espirituales denominan «ego», «personalidad» o «falso yo» a esta versión aprendida de nosotras mismas. Es falsa porque se basa en la deducción, no en la experiencia directa. Es falsa porque tu idea de ti misma se basa en lo que tu madre creía que eras, y, a su vez, su idea de ella misma se basaba en lo que *su* madre creía que era; tu idea de ti misma —la persona cuyos sentimientos han sido heridos, que se ofende cuando la critican, que está aferrada a sus opiniones o preferencias— se basa en personas que nunca han llegado a conocerte. Tu autoimagen se ha refractado tantas veces —con las deducciones aprendidas, recuerdos y condicionamientos— que no es más que una sala de espejos.

Estamos hablando de una broma pesada. No eres quien crees ser. Casi nadie lo es. Porque aunque los niños lleguen a este mundo con una comprensión implícita de quiénes son, no tienen conciencia autorreflexiva. Saben quiénes son, pero no saben que lo saben. Y la única forma que tienen es verse a sí mismos a través de los ojos de sus padres. Nos convertimos en lo que ven nuestros padres. Somos fruto de su imaginación. Luego, como dice mi maestra Jeanne, nos pasamos la vida siguiendo las instrucciones que nos dieron hace diez, treinta o cincuenta años, personas a las que hoy en día ni les preguntaríamos cómo llegar a una calle.

Así que cuando la gente me dice que necesita comer y leer o que de lo contrario morirá, le pregunto qué parte de ella morirá. ¿Es la parte que cree que si las mujeres de cincuenta y dos años comen solas son unas perdedoras? ¿Quién le ha dicho eso? Como alimentarnos era una de las primeras formas de saber que nos querían, y como éramos totalmente dependientes de nuestros padres para sobrevivir, al plantearnos el amasijo de creencias respecto a la comida y el amor, muchas veces puede parecernos que estamos entre la vida y la muerte. *Me moriré si no me como ese chocolate ahora. Me moriré si no puedo leer mientras como.* Lo cierto es que lo único que morirá serán tus creencias respecto a ti misma. Tu antigua versión prehistórica de ti misma morirá. Pero mientras sigas considerándote una niña de dos, ocho o diez años que necesita creer en su madre para sobrevivir, leer la revista *People* o comer en el coche, te parecerán tan importantes como respirar.

Luego, no es de extrañar que la gente diga: «¡Oh, mierda!» cuando ve las Directrices.

Trabajar la obsesión por la comida es, principalmente, trabajarte tu lealtad a tu antiguo, falso y egoico yo, puesto que cualquier objeción que tengas respecto a las Directrices no procede de tu versión actual de ti misma. Seamos claras: no hace falta ser una lumbrera para comprender que si estás comiendo de pie delante de la nevera no estás siendo amable contigo misma. Si comes en el coche procurando no chocar contra el vehículo que tienes delante, es difícil saborear la comida. Y si te estás diciendo que las galletas rotas no cuentan, porque cuando las galletas se rompen también se rompen las calorías, estás siendo listilla (sí, muy listilla), pero también te estás engañando a ti misma. Cuando troceas un pastel, cuando te cortas una porción finita cada vez que pasas por su lado y lo haces una docena de veces al día, y te convences de que esas pequeñas porciones no son lo mismo que una ración generosa, te estás mintiendo a ti misma. Quieres el pastel, pero no quieres el pastel, así que estás buscando la manera de comértelo sin admitirlo. Cuando dices que quieres adelgazar, pero siempre comes más de la cuenta, y cuando dices que no sabes lo que es sentirse llena, no te estás diciendo la verdad. No es difícil sentirte satisfecha, pero requiere atención. Hace falta estar dispuesta a ir más despacio, porque puede suceder a mitad de un bocado y si estás ocupada, leyendo, conduciendo o mirando la televisión, no te enteras. De modo que cuando haces oídos sordos a lo que puede ayudarte a dejar de comer emocionalmente, has de preguntarte si realmente quieres dejar de hacerlo. Y si luego te preocupa que dejar algo en el plato sea una falta de respeto hacia todos aquellos que pasan hambre en el mundo, es porque no estás viviendo la realidad. La verdad es que o tiras la comida fuera o la tiras dentro, pero de cualquier modo la estás tirando. El hambre en el mundo no se acabará aunque tú te termines el puré de patatas con ajo que tienes en el plato.

Las Directrices son intuitivas, sencillas, directas. Hasta una niña de cuatro años podría seguirlas. De hecho, una niña de cuatro años ya las *sigue*. Antes de que existieran instrucciones que te recondujeran a ese estado en que recibías los mensajes básicos de tu cuerpo, hubo un tiempo en que ni se te hubiera ocurrido escuchar ninguna otra cosa.

Cada vez que alguien me dice: «Pero trabajo en una oficina donde ya están establecidas las pausas para comer, ¿cómo puedo comer cuando tengo hambre?» o «Tengo tres niños pequeños menores de seis años y van a pasar mil años antes de que pueda gozar de un entorno en mi hogar que pueda considerarse medianamente tranquilo, ¿cómo voy a comer sin distraerme?»

Todas tenemos situaciones concretas. Todas tenemos una forma de vida que requerirá una reinterpretación de las Directrices. Puede que necesites adaptar tu horario de comidas para tener hambre cuando tienes los descansos. O quizá tendrás que salir a pasear durante el descanso para la comida y prepararte algo frugal y fácil de llevar para comer en otra de las pausas. Puede que tengas que hablar con un dietista o con un médico para saber qué es lo que necesita y quiere tu cuerpo. Puede que tengas que comer sola una vez a la semana o una vez al día para concienciarte de tus distintos niveles de apetito: cuándo lo notas por primera vez, cuándo es ligero y cuándo es tan agudo que tienes que comer cualquier cosa que no te coma a ti primero. Cada persona tiene una situación específica. Pero descubrirla no es la parte más difícil.

Lo que realmente cuesta es saber lo que ya sabes. Lo que sabías cuando tenías cuatro años, pero que has olvidado desde entonces. Lo difícil es librarse de la vorágine de los «no puedo», «no lo haré» y «déjame salir de aquí», de tu forma habitual de cambiar de marcha en lo que a la comida se refiere para prestar atención a esa canción y verdad más profunda: a ti, sin la historia que te has montado sobre ti. Tú, tal como te sientes en este momento, directamente, aquí, ahora. Cuando te sientas, cuando escuchas, cuando sientes directamente tu cuerpo, se produce lo que Eckhart Tolle llama la «presencia animada» que resplandece a través de ti. Trasciende cualquier historia personal. No se trata del pasado, ni de lo que nadie te haya dicho nunca. Siempre está como telón de fondo en cada minuto de tu vida, pero como sólo te estabas preocupando de lo que pasaba en el escenario, de las cambiantes apariencias, dramas y sentimientos, nunca te diste cuenta de la misma. Pero ahora sí puedes. Y tu relación con la comida puede ser la puerta.

Hay un patrón meteorológico interno —una combinación de sentimientos y acontecimientos— que define y nos recuerda nuestro lugar en el mundo. Y la lucha con la comida forma parte del mismo. Crees que eres alguien que siempre deseará lo que no puede tener, tanto si se trata de unos muslos más finos como de una vida sin obsesión, entonces lees las Directrices y hay algo en ti que exclama: «¡Oh, mierda! De ninguna manera». Es comprensible. Las obsesiones están formadas de noes. Liberarse de la obsesión es el acto de cuestionarse el no. De relacionarte con tu relación con la comida.

La obsesión finalizará cuando desees más descubrir tu verdadera naturaleza que ser fiel a tu madre y a tu padre. La obsesión terminará porque te preocuparás lo suficiente de ti como para dejar de hacerte daño con la comida. Porque te querrás lo suficiente para dejar de herirte. ¿Quién no quiere cuidarse de algo que ama?

Si observas cuándo tienes hambre, qué es lo que quiere tu cuerpo, qué es lo que estás comiendo, cuándo has tenido bastante, tu obsesión desaparecerá porque las obsesiones son incompatibles con ser consciente. Cuando te observas a ti misma, te das cuenta de la diferencia entre estar cansada y tener hambre. Entre estar satisfecha y estar llena. Entre tener ganas de gritar y querer comer.

Cuanta más atención prestas, más te enamoras de esa parte que no está obsesionada, de la fuerza vital que da vida a tu cuerpo. La comida se convierte en una forma de sustentar ese resplandor y cualquier forma de comer que te deprima, que te deje aturdida o incómoda pierde toda su atracción. Cuando te suceda eso, poco a poco te irás dando cuenta de que Dios está viviendo dentro de ti y que no querrás que sea de otro modo.

Epílogo
Últimas palabras

Es la última mañana de retiro. Las ochenta mujeres que hace seis días querían taparme la boca con cinta de embalar ahora desearían poder acampar en la sala de meditar hasta el próximo retiro. Una mujer de Chicago dice: «Me entraban ganas de matarte en esas meditaciones que hacíamos en la comida; cada vez que me decías que dejara el tenedor y que observara si tenía hambre, pensaba: "Soy más grande que ella, si le retuerzo un poco el cuello podría comerme las tortitas en paz". Ahora, me gustaría vivir contigo. ¿Crees que a Matt le importaría?»

Nunca me lo tomo como algo personal. Sé que el cambio que se ha producido en el grupo no se debe a nada que yo haya hecho, sino a lo que las participantes han visto, sentido, experimentado: no hay como darse cuenta de que no te gusta la comida con la que te has estado atiborrando durante treinta años. O saborear una fresa por primera vez en tu vida. O comprender que tu sufrimiento no llegará a matarte. Que eres más que tus propios montajes, que tu personalidad, y que no hay ninguna situación irremediable, ninguna.

Pero en la sala también se respira el miedo. Cuando descubres el gozo, siempre quieres más. Cuando descubres la libertad, quieres atraparla y no dejarla marchar. Por eso dedico esta última mañana a hablar del mensaje básico de este trabajo: no se trata ni de la comida ni de los sentimientos, ni de un estado en particular. Se ha de aceptar el odio tanto como la felicidad. La soledad es tan fascinante como el éxtasis. Las grandes aperturas a veces van seguidas de grandes cierres, pero siempre que sientas tanta curiosidad por tu decepción como entusiasmo por tu gozo, no tendrás que usar la comida como droga. La obsesión es un camino insospechado porque poco a poco te va devolviendo a ti misma; siempre que quieres comer cuando no tienes hambre o que no quieres dejar de hacerlo cuando ya estás llena, sabes que está pasando algo que requiere tu atención y tu afecto.

«Algunas personas tienen que ir a la India —les digo a mis alumnas—. Otras creen que necesitan gurús o prácticas esotéricas. Pero vosotras tenéis la comida, y la comida es vuestra gran maestra. Si estáis dispuestas a comprometeros con vosotras mismas en lugar de huir, y si estáis dispuestas a ir directas al grano, en vez de dejaros seducir por la última dieta de moda, ya tenéis lo que la gente va a buscar a la India. Aquí mismo, en vuestro plato, en vuestra propia vida cotidiana, tenéis el camino para regresar a la verdad.» No les estoy diciendo nada que no les haya dicho durante los seis días anteriores, pero como hemos pasado horas en silencio, horas en el comedor observando las razones por las que comen, además del hambre, saben por ellas mismas que aquello de lo que querían deshacerse, que era la razón por la que vinieron, es también el camino hacia lo que muchas personas llaman Dios.

La parte más difícil no es empezar con grandes revelaciones, por espectaculares y deseadas que puedan ser. Las revelaciones, especialmente durante el retiro —cuando todos los momentos del día están pensados para favorecer la experiencia del mundo interior— son los incidentes cotidianos. Pero luego las participantes se van a sus casas (o tú terminas el libro) y empieza el proceso de establecer la conexión entre las revelaciones y la realidad cotidiana: recordar las Directrices para comer, sentir tu cuerpo, dedicar un tiempo todos los días a sentarte en silencio, desapegarte de la Voz, aprender y practicar la indagación. El verdadero cambio se produce paulatinamente. Se requiere un gran esfuerzo para llegar al sin esfuerzo al hacer las cosas. No existen soluciones rápidas.

La escritora Natalie Goldberg dice que siempre estamos practicando algo y la mayoría practicamos el sufrimiento. ¿Por qué no practicar el fin del sufrimiento, en lugar de prolongarlo? Puesto que has de comer de todos modos, puesto que has de moverte dentro de tu cuerpo y ser consciente de algo, ¿por qué no dedicar tu tiempo a despertar en vez de aletargarte? ¿Tienes algo mejor que hacer en tu vida?

Una alumna asidua de mis retiros escribió:

Vivo la misma vida, con la misma familia y el mismo trabajo que antes de asistir a los retiros, pero no soy la misma persona haciendo las mismas cosas. Vuelvo a sentir y eso no me está destruyendo. Antes pensaba que «sentía», pero en realidad mi vida era una reacción a las cosas, una distracción constante de mis verdaderas experiencias o sentimientos. Muchos años de utilizar la comida, excederme con la gimnasia, trabajar demasiado, tomar drogas y alcohol. La autodestrucción era lo más natural en mí. Pero ahora, con este cuerpo y esta vida, me siento feliz.

Hasta ahora sólo había podido acceder a cierto tipo de amor al pensar en mis hijos. Mi hija de cuatro años dice: «Te quiero seiscientos gatos, hasta la luna ida y vuelta y diez tortitas de desayuno». Y lo que digo yo es que estoy aprendiendo a quererme a mí misma cinco mil millones de universos, novecientas diez fresas y tres millones de besos de elefante. Cuando dirijo ese amor hacia mí, la vida es totalmente distinta.

Hay etapas predecibles al utilizar la comida como puerta hacia Dios, que son lo que los sufíes llaman los Tres Viajes de la Senda Espiritual: el Viaje desde Dios, el Viaje hacia Dios y el Viaje en Dios.

En la versión sufí, el Viaje desde Dios es aquel en el que crees que eres lo que haces, pesas, consigues y pasas tiempo intentando adornarte con atributos externos de valía: un cuerpo esbelto, una buena cuenta bancaria, botas de charol de moda. Puesto que incluso las ricas y famosas delgadas envejecen, tienen celulitis y mueren, el Viaje desde Dios siempre termina en decepción.

En la versión comida de este viaje —El Viaje desde Ti Misma—, pasas años, a veces toda una vida, haciendo dieta, ayunando, hinchándote a comer, haciendo ejercicio y luego tumbándote en el sofá, porque te niegas a hacer un abdominal más o una postura más del perro boca abajo. Durante esta etapa tu meta principal es recomponerte, lograr tu peso ideal y librarte para siempre de tu fijación con la comida. Puesto que la relación con la comida no es más que un microcosmos de tu relación con el resto de tu vida (y tus creencias sobre la abundancia, privaciones, miedo, benevolencia, Dios), cualquier intento de cambiar la parte de la comida sin tener en cuenta las creencias que ésta representa, como la versión sufí, terminan siempre en decepción.

Según los sufíes, el siguiente viaje —el Viaje hacia Dios— también está condenado al fracaso. Intentas detener el interminable flujo de pensamientos, pero éstos siguen entonando sus locas melodías. Decides que vas a acabar con las críticas, el mal, la ira, el odio, y te das cuenta de que deseas que tu vecino de la puerta de al lado pise una piel de plátano y se mate. Encuentras un maestro espiritual que parece ser la encarnación de la sabiduría y la pureza, y éste termina acostándose con dieciséis discípulas.

En el mundo de la comida, este Viaje hacia Ti Misma es igualmente frustrante. Dejas de hacer dieta. Empiezas a comer lo que te pide tu cuerpo. Te das cuenta de que comer no es una cuestión de falta de voluntad, sino de falta de entendimiento. Por una parte, quieres adelgazar, pero por otra te das cuenta de que aumentar de peso —y seguir manteniendo el problema— es más cómodo y reconfortante. No quieres soltar ni el peso, ni el drama que le acompaña. Te has pasado la vida agonizando por tu peso y ahora, cuando te ves venir el final, sales corriendo en otra dirección.

El tercer viaje —el Viaje en Dios— es idéntico tanto en la tradición sufí como en la versión del sendero-de-la-comida: en este viaje, terminas la búsqueda del más y mejor. Ya no vives como si esta vida fuera un ensayo general para la siguiente. Tus acciones empiezan a guiarse por la autenticidad, no por el intento de ser buena. A través de prácticas como las Directrices para comer, la meditación y la indagación, te vas dando cuenta lentamente de que ya estás completa y no tienes que superar ningún examen, ni terminar ninguna carrera; hasta el sufrimiento se convierte en otra vía, en otra oportunidad para reconocer aquellos lugares de donde el amor parece haberse ausentado.

Cuando contemplas el mundo a través de unas gafas rotas, ves el mundo roto. Cuando comes de una forma en particular porque crees que no hacerlo no sería correcto, la libertad no es libre. Cuando sigues aferrada a las creencias sobre el bien y el mal, no importa lo que comas o peses, seguirás consumiéndote en la obsesión. Todavía estás pagando el ocupar espacio en los kilos de carne. A menos que te detengas un poco y te intereses realmente por las creencias y necesidades que estás acumulando encima de la comida, seguirás viviendo en un limbo donde el sabor de la comida es el único cielo que conoces y el tamaño de tus muslos tu único infierno.

Pero no tiene por qué ser así. Lo verdaderamente sagrado no es lo que consigues, comes o pesas. Hay algo mejor que andar empujando siempre montaña arriba la roca de la obsesión: dejarla abajo. Si estás dispuesta a dejar de hacer dieta y buscar una solución rápida, y si quieres utilizar tu relación con la comida como la senda inesperada, descubrirás que Dios siempre ha estado allí. En la tristeza de todo fin, en el éxtasis de todo comienzo. En el ruido y en la quietud, en las rebeliones y en los remansos de paz. En todos los momentos de afecto que con cada respiración le concedes a tu resquebrajado corazón o al tamaño de tus muslos... Dios siempre ha estado allí.

Agradecimientos

Sin las personas que vienen a mis retiros nunca habría podido escribir este libro. Gracias a todas y cada una de vosotras, especialmente a las que habéis permitido que usara vuestras palabras e historias textualmente. Y gracias también a Menno de Lange, Chohan Jane Neale y Loren Matthews, mi fabuloso equipo, que hacéis que todos los retiros sean un mundo de verdadero apoyo y auténtica dicha. A la imperturbable Judy Ross, que coordina hasta el último detalle con maestría, mi más sincero agradecimiento, al igual que a Premsiri Lewin, Glenn Francis y Sara Hurley por sus inolvidables contribuciones en mi carrera.

Anne Lamott y Kim Rosen dieron forma a este manuscrito con su sabiduría y estilo impecable. Gracias por ser mis amigas y por salvarme de (y reconducirme a) mí misma. Sin Maureen Nemeth, mi responsable administrativa, probablemente todavía estaría dando vueltas en el trastero en medio de ratones y un millar de papeles.

Toda mi gratitud a Ned Leavitt, mi agente, por ser uno de los mayores fans de Dios; a Dan Smetanka, por estar conmigo en este rocoso sendero; a Whitney Frick, por sus tremendas observaciones; a Susan Moldow, por creer en el libro, y a Beth Wareham, por ser la extravagante editora de mis sueños, con pompones incluidos. Rosemary Ellis, Jenny Cook, Denise Foley y Judy Stone, de *Good Housekeeping,* hacen mucho todos los meses por tranquilizar el corazón de esta escritora.

Por su innegable amor, gracias de todo corazón a Jeanne Hay. Mi vida ha cambiado por completo gracias a la escuela Ridhwan, y siempre estaré eternamente agradecida a Hameed Ali y al equipo de profesores, incluida Alia Johnson, Deborah Ussery y Morton Letofksy. A mis maestros budistas de todos estos años —Joseph Goldstein, Jack Kornfield, Stephen Levine, Lama Yeshe, Lama Zopa, Gonpo Tseden y Dan Brown—, que me enseñaron a ser consciente y fomentaron mi afán por mantener ese estado, muchas gracias. Catherine Ingram todavía está planeando conmigo en el palacio de la luz estelar. Barbara Renshaw me ha ayudado de formas prácticas, profundas y que cambian la vida, tantas veces que ni las puedo recordar.

Por las múltiples dimensiones de amor y bienestar que cada uno aporta a mi vida, quiero dar las gracias a Jace Schinderman, Taj Inayat, Mayuri Onerheim, Sandra Maitri, Roseanne Annoni, Rick Foster, Greg Hicks, Allison Post, Karen Johnson y a mi madre, Ruth Wiggs.

De todas las personas sobre la faz de la tierra, tengo el privilegio de vivir junto a Matt Weinstein. Tu amor es como vivir en un resplandor sin límites, como estar casada con la admiración.

Apéndice
Empieza la indagación

La indagación se puede realizar en cualquier momento, en cualquier lugar —cuando estás sola, con una amiga o con una maestra—. Cuando empiezo a enseñar la indagación, lo hago como una práctica de escritura. Les pido a las personas que empiecen por ser conscientes de un asunto —algo que no saben, pero que quieren saber—. Si son conscientes de un problema, pero creen saber cuál es la causa y lo que han de hacer al respecto, no hay razón para hacer la indagación. La eficacia de esta técnica reside en que es abierta, en que evoca la verdadera curiosidad.

Cuando practicas la indagación, te das cuenta de qué y quién has creído ser todo este tiempo y que nunca te has cuestionado. La indagación te permite estar en contacto directo con lo que supera a eso sobre lo que estás escribiendo: los mundos infinitos e inexplorados que trascienden tu mente discursiva de todos los días.

Éstas son las instrucciones que les doy a mis alumnas:

- Concédete veinte minutos en los que nadie te moleste.

- Siente tu cuerpo. Siente la superficie sobre la que estás sentada. Observa los puntos de contacto de tu piel con la ropa. Sé consciente de tus pies tocando el suelo. Siente que vives en tus brazos, en tus piernas, en tu pecho, en tus manos.

- Pregúntate qué es lo que estás sintiendo ahora mismo y dónde lo sientes. Sé concreta. ¿Sientes un cosquilleo? ¿Una pulsación? ¿Tensión? ¿Sientes calor o frescor? ¿Sientes las sensaciones en tu pecho? ¿En la espalda? ¿En la garganta? ¿En los brazos?

- Empieza por las sensaciones más intensas y hazte estas preguntas: ¿tiene forma esta sensación, volumen, textura, color? ¿Cómo me afecta sentirme así? ¿Me supone algún problema sentirme de esta manera? ¿Me resulta familiar? ¿Qué edad siento que tengo cuando me siento así? ¿Qué sucede cuando lo siento directamente?

- Ahora puede que empieces a asociar la sensación con un recuerdo o un sentimiento en particular de tristeza o soledad. Puede que tengas una reacción, que quieras cerrarte, huir, dejar de escribir. Recuerda que una sensación es una experiencia inmediata y primaria localizada en el cuerpo, mientras que una reacción es una experiencia secundaria localizada en la mente. Algunos ejemplos de reacciones son: el deseo de comer compulsivamente, decirte que tu sufrimiento no terminará jamás, comparar cómo te sientes con cómo quieres sentirte, comparar la experiencia presente con tu experiencia del pasado, compararte con otra persona, montarte una historia sobre lo que está sucediendo.

Cuando observes que estás reaccionando a lo que estás experimentando, vuelve a tu cuerpo. Observa lo que sucede en tu pecho, en tus piernas, en tu espalda, en tu vientre. La indagación es permitir que se manifieste tu experiencia directa e inmediata; no es un montaje mental.

- Reconoce, nombra y desapégate de la Voz. Si te sientes insignificante, colapsada o impotente, suele ser una señal de la presencia de la Voz. La Voz dice cosas como «Nunca serás lo bastante buena»; «No cambiarás nunca»; «Te mereces sufrir»; «Eres un fracaso/una mala persona/despreciable/estúpida/indigna/gorda/fea». Todo sentimiento de vergüenza es una respuesta a la Voz.

  Para seguir con la indagación, has de desapegarte de la Voz, puesto que su intención es hacer que te circunscribas a *su* definición de seguridad y mantener el estatus.

  Si reconocer su presencia no es suficiente, puedes decir: «¡Atrás!», «¡Lárgate!» o «¡Ve a meterte con alguien de tu tamaño!» Mantenla a raya. Simplifica. Desapegarte con éxito desactiva la Voz y te libera de las sensaciones.

- Cuando observes que estás teniendo una reacción o que estás distraída, confusa, atontada o fuera de órbita, vuelve a sentir tu cuerpo.

- Presta atención a los secretos, pensamientos o sentimientos que has censurado. Cuando surjan, siente curiosidad. Siente curiosidad por ver qué se oculta tras ellos.

- No intentes dirigir la indagación con tu mente. Si tienes que seguir una agenda o tienes alguna preferencia (por ejemplo, que sientas que estás furiosa u odias algo) la indagación no funcionará. Tal como dicen los budistas tibetanos: «Sé como un niño, sorpréndete por todo».

Recuerda: la indagación es una práctica. No es algo que se «consigue» ni a la primera ni a la décima vez. La indagación no tiene como finalidad conseguir algo; la practicas porque quieres descubrir quién eres cuando no estás condicionada por tu pasado o tus ideas de cómo se supone que ha de ser una buena persona. Cada vez que lo haces, aprendes más. Cuanto más aprendes, más avanza tu proceso de desmantelar esa versión repetitiva y rancia de ti misma (ego). Con la indagación, tienes la posibilidad de descubrir que no eres quien crees ser. ¡Vaya alivio!

Directrices para comer

1. Come cuando tengas hambre.
2. Come sentada en un entorno tranquilo. Eso no incluye el coche.
3. Come sin distracciones. Las distracciones incluyen la radio, la televisión, los periódicos, los libros, las conversaciones intensas o que generen ansiedad y la música.
4. Come lo que te pida tu cuerpo.
5. Come hasta que estés satisfecha.
6. Come (con la intención de estar) a la vista de los demás.
7. Come gozando, con gusto y con placer.

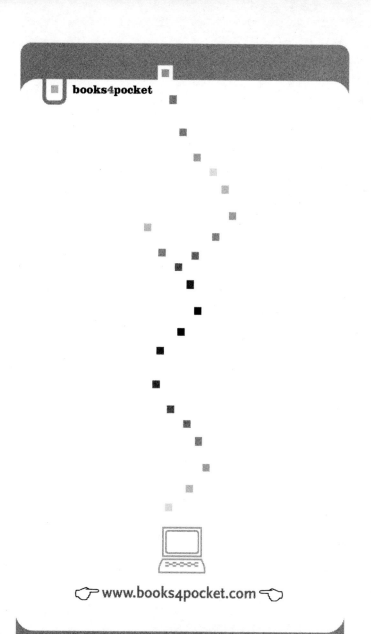

books4pocket

www.books4pocket.com